丰台区石刻文物图录

丰台区文化委员会编纂

主　　编：王艳秋

学术顾问：齐　心　刘卫东

编辑委员会成员：

咸向东　曹全友

刘　颖　吕玉良

韩淑敏　李　曼

王　兵

丰台区万泉寺石刻园

连山岗石刻园局部

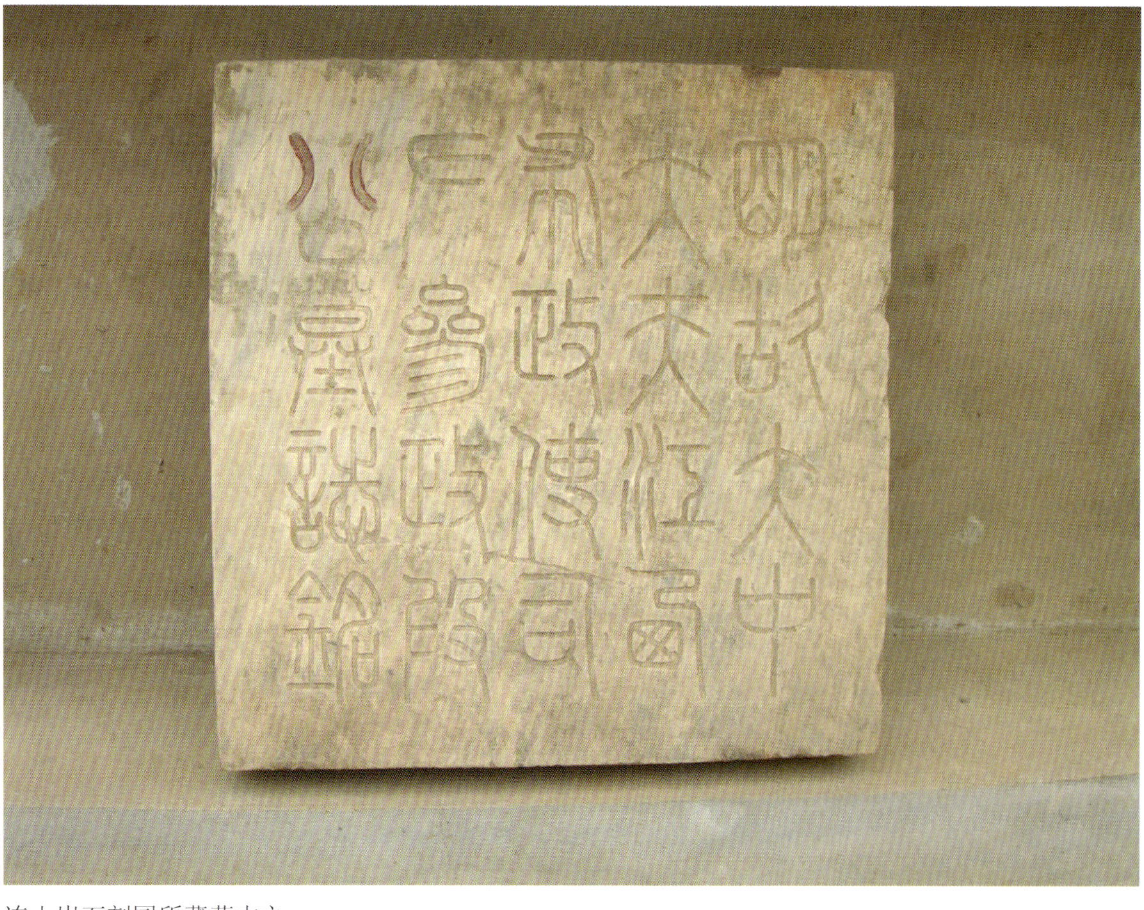

连山岗石刻园所藏墓志之一

连山岗石刻园所藏墓志之二

连山岗石刻园所藏墓志之三

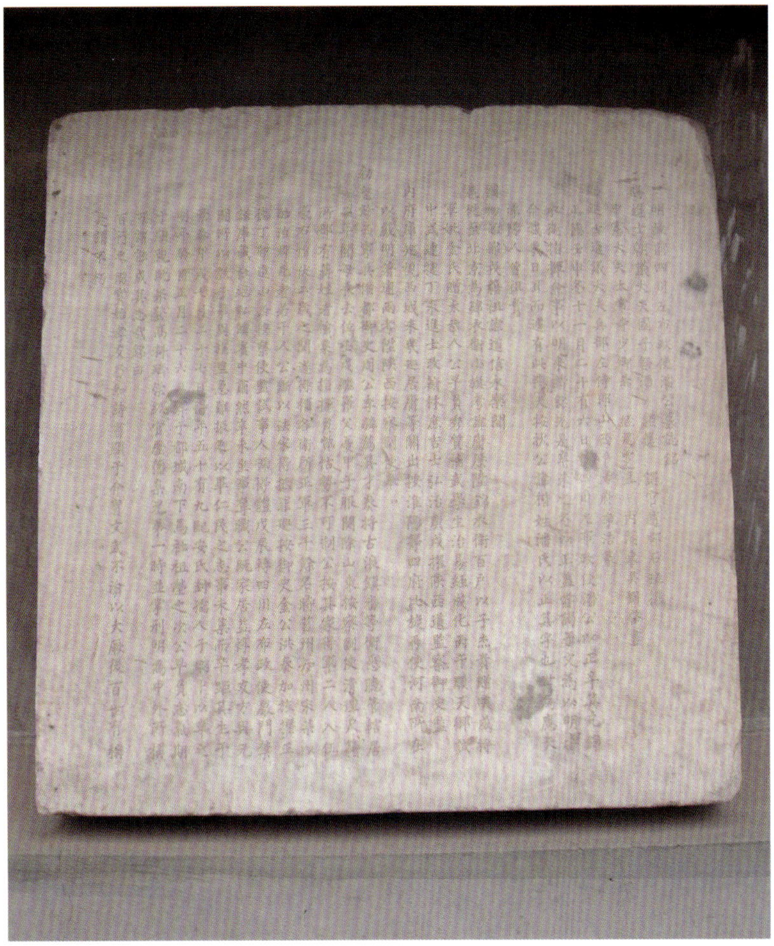

连山岗石刻园所藏墓志之四

连山岗石刻园所藏墓志之五

明宁阳王谥恭靖张公神道碑

清和硕简亲王谥修雅布碑

丰台区连山岗石刻园

序

清明节前夕，北京市丰台区文委的同志来访，示以整理编纂的《丰台石刻》第一季书稿求为审定，并征序于予。

作为在北京工作四、五十年的老文博工作者，也许是出于偏爱，对于有关北京历史、考古方面的论著可谓情有独钟，特别是具有重要史料的新资料新著作面世，则更感到欣慰异常。往往在先睹之后，为他们经过艰辛努力取得的收获而由衷高兴。《丰台石刻》第一辑的成秩和即将付梓，便是丰台区文博工作者奉献给从事历史、考古、书法、艺术研究的读者一本资料性图文并茂的专集，也是北京石刻文献整理的一项成果。

丰台区位于北京城西南部，处于北京母亲河——永定河冲积扇中部。境内卢沟桥、长辛店地区是北京西南咽喉渡口。西依逶迤群山，东以缓缓平原为幕，自古以来就是华北、东北、内蒙古三个地区的要津。其历史可以追溯到战国时期，文化积淀厚重，历史文物蕴藏丰富。既有卢沟桥等文物对北京历史文化产生重要影响的古迹，也有历尽800多年沧桑的金中都城城垣旧址等。更由于丰台区古庙、古墓葬多，遗留了大量碑刻文物。这些碑刻内容丰富，诸如修葺庙宇的记事碑、购置田亩碑、治水患兴水利的功德碑……。碑志文物是民族文化的物质载体，是记录地区文化、人物、历史事件的物证。碑刻是研究政治、经济、社会、典章制度、宗教、民俗、历史、地理的史料，具有珍贵的社会历史文化价值。整理出版碑刻专辑不仅是资料的汇集更为重要的是对全区的石刻保护和利用起到重要作用。

丰台区重视文物保护工作，区委、区政府认真贯彻“保护为主，抢救第一，合理利用，加强管理”十六字方针。与此同时，加大了文物基础工作的力度，出版了《丰台百科全书》、《文史资料》等一批文化研究成果。欣见《丰台石刻》第一辑书稿，汇集了丰台地区明清碑刻精品。全书共收集石刻58种，摹拓拓片和著录的碑文，辅以简明的注释，全书从一个侧面直观生动地展示了丰台区历史文化。

这些石碑等已经存世数百年，最久的可达5、6百年，虽然石体仍然坚硬，但字迹已经斑驳，风霜雨雪使字的沟槽变浅，笔画模糊，字迹难认，岁月使石刻特别是文字不能保持久远。更不必说天灾人祸对石刻本身的破坏或遗失了，因此保存这份历史文化遗产或者说抢救这份遗产成为当务之急。丰台区的文博工作者及时整理编辑出版《丰台石刻》，即让岁月风霜对石刻上文字的磨蚀停留在今天，也使子孙后代不因为我们的失职而看不到今天状态的石刻，这种服务于社会文化事业发展的举措，是对祖宗负责又对子孙负责的大事，我们感谢丰台区委、区政府和文博工作者的远见卓识。

再从《丰台石刻》内容上看其文化价值。仅就第一辑而言，共收录墓志铭36种，其中明朝31种，清代5种，还有功德碑、庙宇碑、记事碑等22种。

墓志铭类的石刻具有重要的史料价值，它记载了墓主人的生卒年、籍贯、任职、业绩及世系等，可与文献对照印证，既可补史又可正史。这些不可再生的石刻文物，既是研究辽金明清时的历史资料，也是研究丰台区地方史的相关史料。

至于那些庙宇碑、功德碑、记事碑等更是研究地方社会历史、文化不可缺少的文物资料，在一定意义上说具有学术价值，极其宝贵。

这部记述丰台区明清碑刻精品之作，是一项有价值的研究成果，也是丰台区整理研究《丰台石刻》的先河之作，补史之阙正史之误的《丰台石刻》第一辑的面世，是惠及学术界的盛事，相信第二辑、第三辑等，不久即将陆续编辑付梓，十分欣慰，是为序。

北京市文物保护协会副会长　齐　心

2008年4月30日

目录

明故封文林郎监察御史段公（善）孺人常氏合葬墓志铭

明成化十九年癸卯（1483）十一月初七日合葬。志、盖均长五三厘米、宽五三厘米、厚一〇厘米。盖文五行，满行四字,篆书。志文三一行，满行三一字。正书。陈政撰，杨杞篆，王礼书，吕升作状。

一九四九年后丰台区出土。现藏丰台区长辛店镇连山岗石刻园。

明故封文林郎监察御史段公孺人常氏合葬墓志铭

赐进士出身中宪大夫通政使司　右通政　新昌陈政撰

奉直大夫尚宝司少卿直南薰殿　东吴杨杞篆

承务郎大理寺左寺副直　文渊阁　广昌王礼书丹

公瑕家居忽吾友段君正衰绖诣门泣且告曰正不幸父母相继而殁敢以∟墓铭为请余与君相知最久不敢以浅陋辞按户部郎中吕升状公讳善字□∟良世居山西泽州大阳都南庄里曾大父讳十二公大父讳賨皆隐德弗耀父∟讳奉先洪武初以材干徵授河内知县未几谪戍　∟晋府护卫寓居太原娶范氏早卒生子清继娶郭氏生用良人物崔伟颖敏过人∟读书商礼好贤乐善宣德中　∟诣京占籍锦衣不乐仕进名士大夫多与交接悉遣子弟从游及门者不下∟数百人登科目由武弁仕至显宦者不计又精星命之学论事辄奇中治家严∟而且俭拳拳以教子为心及正登进士通仕籍公每戒之曰清慎忠勤四字尔∟必勉之苟违吾言非孝子也正亦奉命惟谨成化丙申以正贵　∟敕封今官愈益谦退常若弗胜辛丑正转升浙江提刑按察副使迎侍浙上成化∟壬寅闰八月二十一日以疾终于公宇讵生永乐丙戌十一月八日得年七十∟有七公老年常起小楼扁曰宜晚以古人黄花晚节香之句学者因称之曰菊∟庵先生配常氏　∟敕封孺人系出山西困关壶关望族先世仕元有配金虎符者人号金牌□□□府∟母徐氏孺人二十六归段氏时舅姑在堂孝养惟谨下抚僮仆皆有恩惠且天∟性勤俭凡以女中馈之事无不精致内外姻亲族称无间言夫挂疾时汤药粥饮∟之勤孺人□手自烹调以供不肯假人夙夜匪懈不知其乐及殁又哀痛过礼∟□□疾病正奉柩北还舟次天津而孺人亦逝矣实成化壬寅十月二十二日∟距生永乐戊子三月十四日享年七十有五子男正起进士初由元城尹转监∟察御史再陞浙江提刑按察司副使女淑玉适锦衣卫总旗张泰孙南豸读书∟习举子业女坤女尚幼卜以成化十九年癸卯十一月初七日合葬于崇文门∟外东皋村之原礼也铭曰

于穆昊天　报德何速　猗嗟菊庵　积善膺福　作配孺人　∟系出名门　勤俭起家

裕垂后昆　推恩锡命　共享其荣　∟偕老而殁　世莫与同　东皋之原　是为新阡

我铭藏幽　∟万事永传

注：

衰绖：披麻戴孝。衰，亦作“縗”，披于胸前的麻布条；绖，结在头上或腰间的麻带。

曾大父：曾祖父。

隐德弗耀：喻指不出世为官。

晋府：指晋藩府。明太祖朱元璋之第三子朱棡封晋恭王，就藩于太原。

星命之学：从事“星命”研究实践的学问。古代术数家们认为，人的命同星宿的位置、运行有关，故将二者结合以推算人的命运，即为“星命”。

中馈之事：指妇女在家主持饮食之事。

称无间言：称赞之声不断。

明故封文林郎监察御史段公（善）孺人常氏合葬墓志铭

张封君墓志铭

生于明永乐壬寅（二十年，1422）闰十二月十日，于弘治辛酉（十四年，1501）夏五月二十一日卒，同年夏六月二十六日葬。志长五七厘米、宽五七厘米。志文二九行，满行三四字。正书。张升撰，李鐩篆盖，杨潭书丹。

一九四九年后丰台区出土。现藏丰台区长辛店镇连山岗石刻园。

张封君墓志铭
赐进士及第通议大夫礼部左□□□詹事府少詹事兼翰林院侍讲学士　乚经筵日讲
官盱江张昇撰
□进士第工□□□□□□□□□□□□□佥都御史汤阴李鐩篆盖
赐进士第奉议大夫□□□□□□□□□□紫泉杨潭书丹
封承德郎兵部□□□□□□□□□□□乃顺天府宛平人也大父讳从义父讳贵乚世□贤
淑妣□□□□□□□□□□□□蚤世次祥君其季也笃宽醇谨中无城府乚家故陵替□□
□□□□□□□□□□自树卒致丰硕然而朴素如初事亲亲曲尽孝乚道二亲俱□□□□
□□□又极哀毁丧葬如礼与人交重然诺悉衷悃士大夫往往乚乐与之游有□□□□之恐
后有假贷者应之不责赏有逋负而遭系者辄赖以释侪乚辈义之尝贸易人误投金十斤君计
之过直慨还其余有劝之甚者弗听也母党有举乚其缗以营生不幸费尽君悯而焚之券人有
长则奖进之以成有短则善谕之以悟伟乚乎世君子之心也故人无疏戚贤愚敬爱之者不贰
尤笃友于之谊兄祥子女数人籍乚之以有室家从姊以疾而甘娶则事之周备终始有资年之
六袠以没起家虽尚废举乚衍至于教子则专尚儒业玠以明经举弘治丙辰进士拜兵部职方
司主事守山海关乚就养于行署踰一载被　乚例封好子官玠弥三载考最又改光禄承君缘
□得老于京师初配唐氏继李氏　乚封安人侧室唐氏生四男子长城娶宋氏先卒次即玠娶
李氏次瑾娶王氏俱李出次瓒乚娶朱氏侧室唐出二女长适武骧卫千户邵信子□李出次适
锦衣卫百户王浩子钦乚唐出孙男十长绶娶朱氏次缙绅经绎纬约缨综孙女三长适宋瑾次
适覃奉次尚乚幼偶以疾卒于弘治辛酉夏五月二十一日距生永乐壬寅闰十二月十日寿跻
八袠乚呜呼君自少艰关百出以立家乃至家成而子贵荣食天禄光领　乚恩章承颜者日绕
膝下而罔离忧玠不数载而擢至京堂秩锡庆绵寿而考终正寝福寿乚两隆熟得而俪之其不
有自来哉君子于此益可验天之福善不爽也玠卜以卒之年乚六月二十六日奉柩葬于城南
七里铺祔祖茔之次乃衰绖携刑部员外郎同里汪乚君获麟状泣而请余铭铭曰
颠连以立迈种以成益资培植乃茂以英矫矫庭桂贻谋之徵躬食厥报彼苍有情匪乚维
私情称物之平即耄而宁即暮而荣度德此义何负平生□卜佳域伊迩　乚都城敛斯精
采式固幽扃

注：

封君：因子孙显贵而受封典者。

封承德郎：文散官名。金代始置，清代正六品概为承德郎。封，帝王以土地、爵位、名号赐人。

大父：祖父。

“有假贷者”句：有向他借钱的，就痛快地答应下来，不再追偿其款。

六袠：六十岁。袠，十年为一袠。

兵部职方司：明清六部之兵部，其内部组织有武选、职方、车驾、武库四个清吏司。

光禄丞：官名，即光禄寺丞，为光禄寺卿的佐官，其地位仅次于少卿，掌衙署的内部事务。

侪辈：同辈，或相接近的朋友，同类的人。

艰关百出：困难重重之义。艰关，历尽艰苦。

明故封文林郎监察御史段公（善）孺人常氏合葬墓志铭(盖)

明张封君墓志铭

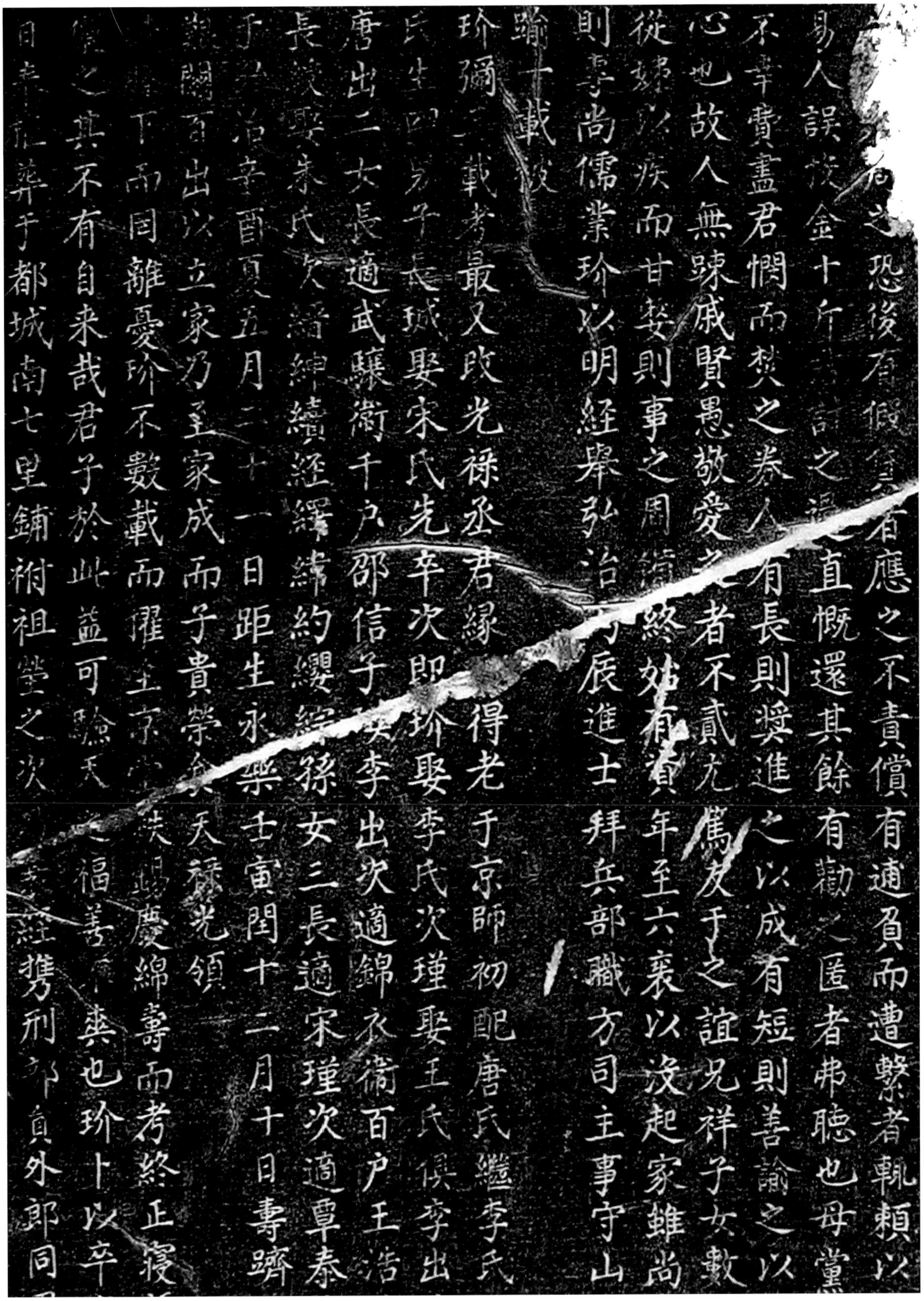

君之恐後有假貸者應之不責償有逋負而遭繫者輒賴以
易人誤投金十斤[illegible]訪之[illegible]直慨還其餘有勸之匿者弗聽也毋黨
不幸貲盡君憫而焚之券人有長則獎進之以成有短則善諭之以
心也故人無踈戚賢愚敬愛之者不貳允篤友于之誼兄祥子女數
從歸以疾而甘娶則事之周[illegible]終始有資年至六袠以沒起家雖尚
則尊尚儒業玠以明經舉弘治[illegible]辰進士拜兵部職方司主事守山
踰十載歿
玠彌[illegible]載考最又改光祿丞君緣[illegible]得老于京師初配唐氏繼李氏
氏生四男子長珹娶宋氏先卒次即玠娶李氏次瑾娶王氏俱李出
唐出二女長適武驤衛千戶邵信子[illegible]李出次適錦衣衛百戶王浩
長[illegible]娶朱氏次[illegible]縉紳續經繹緯約纓綬孫女三長適宋瑾次適覃泰
于弘治辛酉夏五月二十一日距生永樂壬寅閏十二月十日壽躋
難關百出以立家乃至家成而子貴榮[illegible]天祿光領
[illegible]下而同離憂玠不數載而擢王京[illegible]扶[illegible]慶綿壽而考終正寢[illegible]
偕之其不有自來哉君子於此益可驗天[illegible]之福善[illegible]爽也玠卜以卒
日奉柩葬于都城南七里鋪祔祖塋之次[illegible]經携刑部員外郎同

（局部）

明故骠骑将军后府都督佥事追封榆次伯谥忠敏张公（廉）墓志铭

明宣德壬子(七年,1432）十月卒,同年十一月十三日葬，年七十。

志长五八厘米、宽四七厘米；盖长五六厘米、宽四八厘米。盖文五行，满行五字。篆书。志文二四行，满行三〇字。正书。蔺从善撰，朱孔易书丹。盖右边略有残缺。

一九四九年后丰台区出土。现藏丰台区长辛店镇连山岗石刻园。

☐榆次伯谥忠敏张公墓志铭

侍讲兼修国史蔺从善撰

☐允前翰林编修朱孔易书丹

将仕郎中书舍人干礼篆额

公讳廉姓张氏本凤阳荆州人因从戎来北京遂家焉祖讳九三父讳法乚净皆赠骠骑将军后军都督府都督佥事祖母沈氏母丁氏皆赠夫人公乚性卓荦状貌雄伟膂力绝人尝为燕山右护卫十夫长善骑射有智谋洪乚武乙卯从乚太宗文皇帝征讨有功即而内难平定旌功赏赉累官至河南都指挥使洪熙乚改元调云南乚今上皇帝即位之初眷念勳旧即召还加授骠骑将军后军都督府都督佥事乚又得推恩追赠先代宣德壬子五月婴疾乚上命医视之乃至十月辛卯以病卒享年七十乚皇上为之嗟悼辍朝一日遣官谕祭治葬恩礼极隆追封为榆次伯谥忠敏公乚配沈氏封夫人子男四人曰荣曰宾曰瑄曰琎荣娶周氏宾娶马氏女二乚人曰惠福适刘英曰妙香适章俊孙男一人曰福宁孙女四人曰庆僧曰乚长寿曰白女曰黄女其子荣等奉柩安厝于大兴县南七里东高村之原乚卜本年十一月十三日戊辰掩圹持状来乞铭惟公禀雄伟之资际遇乚圣明奋忠贾勇効劳宣力荣膺勳爵显荣于时至于正家教子一遵礼法逮其乚寿考令终复蒙褒典历历可书予特目其事行而为之铭曰

猗欤张公　忠义材武　附翼攀鳞　战胜攻取　乚生有显名　殁膺褒赠　爵号荐加乚恩宠极盛　乚敕赐安厝　东高之原　乚勒铭坚砥　以矢斯言

注：

推恩追赠先代：明清时期，朝廷将恩泽普惠于下臣，对于五品以上官员的曾祖父母、祖父母、父母及妻室之殁者，追赠不同的封号。

骠骑将军：武散官名。明置，为正二品初授之阶。

卓荦：突出，才能高于常人。卓，高；荦，明显。

十夫长：即什长。古代对城乡居民进行编组，以十家为什，置什长；以五家为伍，置伍长。

太宗文皇帝：指明成祖朱棣（1360--1424）。死后定谥号为“后天弘道高明肇运圣武神功纯仁至孝文皇帝”。

今上皇帝：指明宣宗朱瞻基（1398--1435）。年号宣德，庙号宣宗，谥号“宪天崇道英明神圣钦文昭武宽仁纯孝章皇帝”。

安厝：暂厝，停柩待葬于某处。

掩圹：封穴，下葬。掩，遮盖；圹，墓穴。

奋忠贾勇：奋勇向前之意。贾勇，余勇可贾，勇力十足，勇力有余。贾，做买卖。

明故骠骑将军后府都督佥事追封榆次伯谥忠敏张公（廉）墓志铭(盖)

次伯謚忠敏張公墓誌銘
侍講兼脩國史蘭谿姜　撰
允前翰林編脩朱孔易書丹
仕郎中書舍人于禮篆額
公諱廉姓張氏本鳳陽荊山人因從戎來北京遂家焉祖諱九三父諱洪
淨皆贈驃騎將軍後軍都督府都督僉事祖母沈氏母丁氏皆贈夫人公
性卓犖狀貌雄偉膂力絕人嘗為燕山右護衛千夫長善騎射有智謀洪
武己卯從
太宗文皇帝征討有功既而內難平定旌功賞賚累官至河南都指揮使洪熙
改元調雲南
今上皇帝即位之初眷念勳舊即召還加授驃騎將軍後軍都督府都督僉事
又得推恩追贈先代宣德壬子五月嬰疾
上命醫視之乃至十月辛卯以病卒享年七十
皇上聞之嗟悼輟朝一日遣官諭祭治葬恩禮極隆追封為榆次伯謚忠敏公
娶沈氏封夫人子男四人曰榮曰貴曰瑄曰璡榮娶周氏貴娶馬氏女二
人曰恩福適劉英曰妙香適章俊孫男一人曰福寧孫女四人曰慶僧曰
長壽曰白女曰黃女其子榮等奉柩安厝于大興縣南七里東高村之原
卜以年十一月十三日戊辰掩壙持狀來乞銘惟公禀雄偉之資際遇
聖[illegible]效忠宣力榮膺勳爵顯榮于時至于正家教子一遵禮法達其
壽考令終復家寵典歷歷可書予特因其事行而為之銘曰
猗歟張公　忠義材武　附翼攀鱗　戰勝攻取
生有顯名　歿膺褒贈　爵錫荐加
恩寵極盛
勑賜安厝　東高之原　勒銘堅珉　以矢斯言

明故驃騎将军后府都督佥事追封榆次伯谥忠敏张公（廉）墓志铭

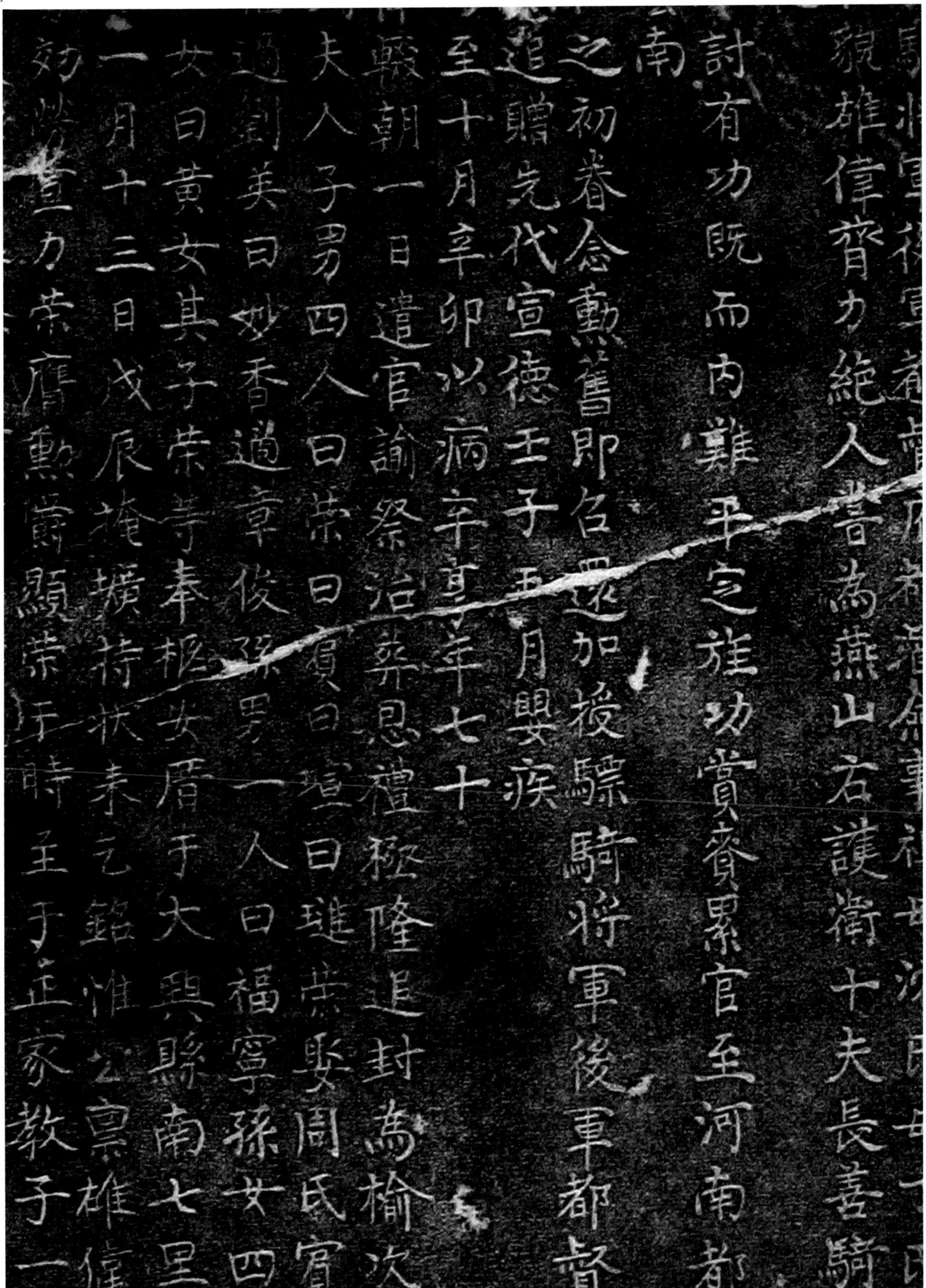
貌雄偉膂力絕人嘗為燕山右護衛千夫長善騎
南討有功既而內難平定旌功賞賚累官至河南都
之初眷念勳舊即召還加授驃騎將軍後軍都督
追贈先代宣德壬子五月嬰疾
至十月辛卯以病卒享年七十
輟朝一日遣官諭祭治葬恩禮極隆追封為榆次
夫人子男四人曰榮曰復曰瑄曰璡娶周氏賓
適劉美曰妙香適章俊孫男一人曰福寧孫女四
女曰黃女其子榮等奉柩安厝于大興縣南七里
二月十三日戊辰掩壙持狀來乞銘惟公稟雄偉
効勞宣力榮膺勳爵顯榮于時至于正家教子一

（局部）

锦衣卫中所副千户班公（真）墓志铭（底）

明洪武□年（1368-1377）□月生，正统八年（1443）十月卒，同年十一月八日葬。

志长四九厘米、宽四九厘米、厚八厘米。志文二四行，满行二七字。正书。黄若□撰，何友书并篆，君文辅作状。

一九四九年后丰台区出土。现藏丰台区长辛店镇连山岗石刻园。

▨锦衣卫中所副千户班公墓▨

▨奉政大夫修正庶尹礼部郎中　赐食▨永嘉黄若▨

▨承 德 郎 户 部 主 事 金□何友书并篆

▨人以一才一艺专门鸣世为人所□□□□□受知▨∟万乘致身显荣者亦往往有之至于

历 □□□□□□□□　∟▨圣宠遇终身无可訾议者不多见焉□□□志宁其□□君□

其∟▨姓真其名志宁其字青之益都其世家也曾大父□□大父福诚∟▨成甫母陈氏君生于

洪武□□□月二日自幼颖异不类长而∟　有为举动罔悖伦理□□□□□永乐中有司以其

所能精∟▨用公所寻檄至□京师□□□□马监性敏思巧▨∟▨器用属之裁度经理无不称

∟　自居由是中贵礼遇群工数服洪武□□□□□锦∟▨中所副千户∟▨使凡□车驾

巡幸征伐君悉在左右　∟▨敬慎如一日喜宾客一时往还者率多勳贵显要∟▨楷尤□教子

尝自颂曰我得至此幸也□曹不可∟▨后补顺天府学生正统八年十月廿有一日以∟▨十有

七配庞氏善内助子男二人长即敬次∟▨俱在室卜以是年十一月己未葬大兴县□∟▨用和

帅其子持户部主事□君文辅所为∟▨重以用和称道之笃遂序而铭之

▨知∟▨之恒若弗胜君子所录百龄踰半▨

注：

奉政大夫：文散官名。金代始置，明制以为正五品升授之阶。

承德郎：文散官名。金代始置，明制以为正六品升授之阶。

顺天府学生：指顺天府府学的学生，贡生。

俱在室：均未出嫁。

明锦衣卫中所副千户班公（真）墓志铭

武（兴）室夫人狄氏（清真）墓志铭

明代永乐年丁酉（1417）年生，

正统十二年（1447）十一月卒，正统十三年（1448）四月六日葬

志、盖均长六四厘米、宽六四厘米、厚一〇厘米。盖文三行，满行三字。篆书。志文二六行，满行三〇字。正书。陈实撰文，史敏篆盖。曹莹书丹。

一九四九年后丰台区出土。现藏丰台区长辛店镇连山岗石刻园。

武室夫人狄氏墓志铭

直 隶 淮 安 府山阳县儒学教谕闽中 陈 實撰文

☒进 士 四明史敏篆盖

昭 信 校 尉 淮 安 卫 百 户 曹莹书丹

夫人狄姓讳清真世为任城宦族骠骑将军都指挥使狄公之孙女琴月乚处士子清公之女归

于武氏为今掌漕运总兵官后军都督府都督同知乚兴之夫人初都督公丧其前夫人狄氏因

念宗庙之尊重配德之匪轻择乚诸名族无可继者间闻夫人为任城勳旧大族承守克世其家

况又琴月乚翁之贤虽生宦门弗事豪习凡其子女皆闻礼义之训而备幽间之德齐乚德斯良

也由是谋于卜筮而协吉祥通诸媒妁而获其然诺遂纳聘而乚成礼焉夫人即归武氏钦钦持

身动循法式天性仁慈抚前夫人二子恩乚义一如所生天资宽恕御其左右婢使詈言不出诸

口奉承宗庙荐祭以乚时劻勷内助用度有节端庄淑慎咸足称道妇事母仪鲜克与侪以故总

乚戎公家政有赖惟漕政是专也先是正统八年 乚朝廷以帅臣建功于外多由妇阃助德于内

故时特 乚赐诰封夫人今正统十二年十一月十二日终于正寝以永乐丁酉之岁生至乚是享

年三十有一生丈夫子二曰勇曰成女子一人曰贵咸幼在室前夫乚人二子曰安曰宁安居嫡

长卜以次年四月初六日将奉夫人之柩葬于乚顺天府大兴县八里庄之原持请予铭纳于窆

窃惟妇人之德不踰于乚阃然而其贞明之可书者历代史传纪录无遗也夫人德全天毓道明

阃乚范作配总戎以懋勳阀是宜有铭以揭耀也铭曰

坤德惟顺 嫔德惟德 婉婉天人 于时克恭 乚世出大家 来嫔名族 妇事幽间

母仪贤淑 乚即彰阃范 遂著厥声 启封备脉 永拨绵邈 乚若堂之封 赤县之郭

揭耀有铭 齐德偕荣

大明正统十三年岁次戊辰四月十一日孝子 武 安 等 泣血 安厝

注：

卜筮：古代占卜方法，用龟甲称卜，用蓍草称筮，合称卜筮。

媒妁：古指介绍婚姻的人，媒婆等的雅称。

纳聘而成礼焉：接受聘礼之后而完成了婚礼。

劻勷：连绵词，急迫、惶遽不安的样子。

妇事母仪：妇女该做的事，母亲该树立的规范。

总戎：总兵官。

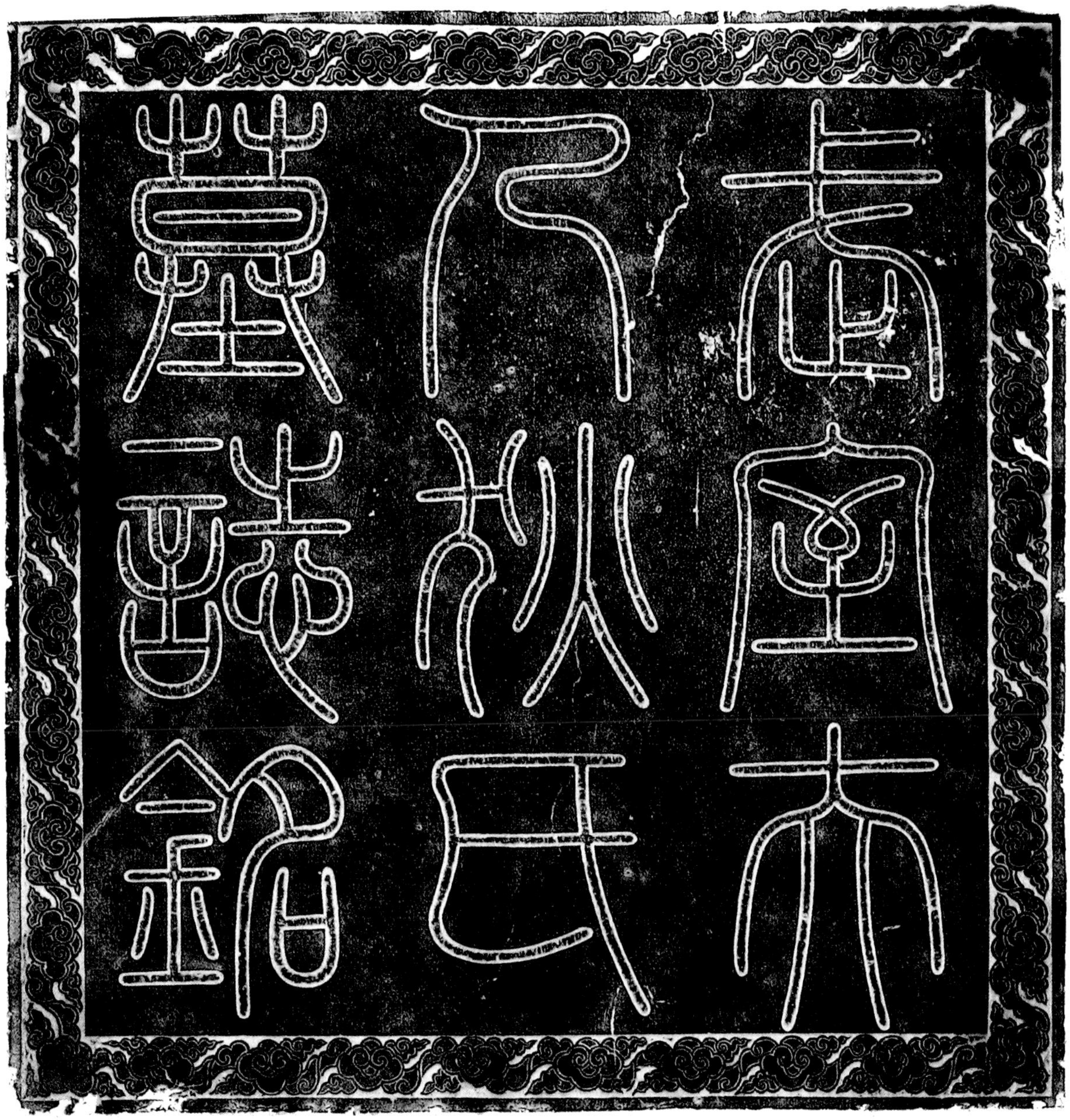

武（兴）室夫人狄氏（清真）墓志铭（盖）

武室夫人狄氏墓誌銘
直隸淮安府山陽縣儒學教諭閩中陳實撰文
賜進士四明史敏篆蓋
昭信校尉淮安衛百戶曾□書丹
夫人狄姓諱清真世為仕城官族驃騎將軍都指揮使狄公之孫女□□
處士子清公之女歸于武氏為今掌漕運總兵官後軍都督府都督同知
興之夫人初鄉都督公喪其前夫人陳氏因念宗廟之尊重配德之匪輕擇
諸名族無可繼者聞夫人為任城勳舊大族承守克世其家況又□月
翁之賢雖生宦門非事豪習凡其子女皆聞禮義之訓而俗幽閒之德齊
德斯其良也由是謀於卜筮而協吉祥遍諸媒妁而獲其然諾遂納聘而
成禮焉夫人既歸武氏欽欽持身動循法式天性仁慈撫前夫人二子恩
義一如所生天資寬恕御其左右婢仗嘗言不出諸口奉承宗廟為祭以
時勖勤內助用度有節端莊淵慎咸足稱道婦事母儀鮮克與儔以故總
戎公家政有賴惟漕政是專也先是正統八年
朝廷以帥臣建功于外多由婦閫助德于內故特
勅誥封夫人今正統十二年十一月十二日終于正寢□□□□丁酉之歲十二
是享年三十有一生丈夫子二曰勇曰成女子一人曰貴咸幼在前夫
人二子曰安曰寧安居嫡長卜以次年四月初六日將奉夫人之柩葬于
順天府大興縣八里莊之原特請予銘以納于壙竊惟婦人之德不踰于
閫然而其貞明之可書者歷代史傳紀錄無遺況夫人德全天賦道明閫
範作配總戎以懋勳閥是宜有銘以揭耀也銘曰
坤德惟順　婦德惟從　婉□夫人　于時克恭
世出大家　來嬪名族　婦□幽閒　母儀賢淑
既彰閫範　□□□□　遂著□□　□□□□
若堂之封　赤縣之郭　揭□有銘　永播綿邈
大明正統十三年歲次戊辰四月初六日孝子武安等泣血□安晉

武（兴）室夫人狄氏（清真）墓志铭

夫人狄、姓端其世为仕城族骠骑将军都指挥使狄公之孙

虑士子清公之女归于武氏为今掌漕运兵都督府都

诸名于夫人初都督公丧其前夫人为陈氏因念宗庙之尊重配德之况

德斯其良也由是谋于卜筮而协吉祥逾诸媒妁而遂抚前夫人之宗庙

翁之贤虽生官门弗弗家冒儿其子女皆闻礼义之训而然幽闲

应礼为夫人毕归武氏钦钦持身动循法式天性仁慈抚前夫人宗庙

我一如所生天资宽恕御其左婢使不出诸口奉承兴侨鲜克兴侨

时助勤内助有节端庄淵慎咸足称道妇事母仪鲜克兴侨

戍公家政有赖惟遭政是专先是正统八年

以帅臣建功于外多由姊闰助德于内故持

计大人今正统十有二年十一月十二日终于正寝

是享年三十有一生丈夫子二曰成女子一人曰贵咸

人二子曰安曰宁安居嫡长次年四月初六日将本夫人之

顺天府大兴县八里庄之原特萧予铭以纳于窆室惟惠夫人之德

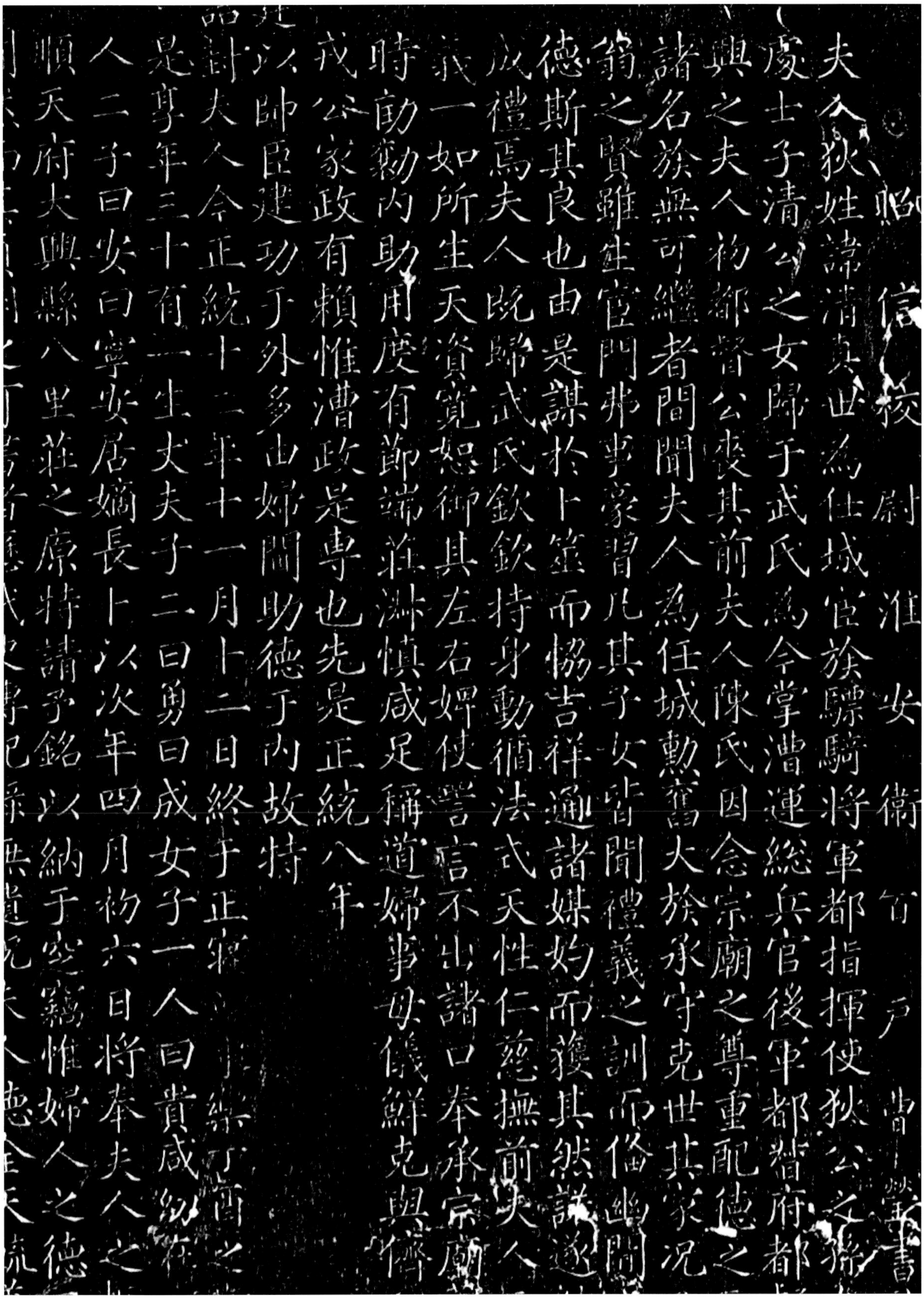

（局部）

明故封宜人王氏（善清）墓志铭

生于明洪武丙子(1396)九月明天顺丁丑（元年，1457）三月二十九日卒，同年四月十日葬

志、盖均长五〇厘米、宽五〇厘米、厚八厘米。盖文三行，满行三字。篆书。志文二五行，满行二六字。正书。赵昂撰，吴谦书，程洛篆，谢通作状。

一九四九年后丰台区出土。现藏丰台区长辛店镇连山岗石刻园。

明故封宜人王氏墓志铭

赐进士奉议大夫通政史司右参议钱翰林编修广阳赵昂撰

徵仕郎 中 书 舍 人 直 文 渊 阁 钱唐吴谦书

徵 仕 郎 中 书 舍 人广平程洛篆

太原王氏宜人以疾卒于正寝其哀子隆将以四月十日卜葬于乚大兴县七里铺北高村名乡

之原持锦衣卫镇抚谢通所为状衰乚稽踏门请曰先妣不幸谢世欲丐先生之文以銘其墓鸣

呼予虽乚未识宜人而其潜德懿行闻之稔矣谨按状而铭之宜人讳善清乚姓王氏世为鲁之

济宁州人胤出东晋王右军之后父斌钱锦衣乚卫武略将军母郭氏宜人生而聪慧稍长孝

敬慈详夐出流辈女乚红之事不闲姆训而自能焉年笈归锦衣卫抚军葛君廷玉情欲乚宴昵

之私不留乎容仪动静事舅姑以孝处闾里以和祭祀宾客乚之需或丰或俭各适其宜奴婢有

过辄喻以利害未尝出恶言以乚詈之闺门之中雍雍肃肃井然有条而不紊焉尝曰吾生既不

得乚为丈夫子以取功名垂竹帛苟以妇人自弃是天虚生矣岂不贻乚笑于人乎一日感微恙

服药饵弗瘳阅数日而逝属纩之顷方寸乚不乱语言琅琅尤劝其君子亲贤友善忠勤事乚上

而不及乎他也悲夫若宜人者其贤矣哉宜人生于洪武丙子九乚月初九日卒于天顺丁丑三

月二十九日高年六十有二以夫贵乚封宜人子男一曰隆即丐铭者娶张氏女三人长早世次

赘冠带乚恩荣官陈信次适府军右卫指挥同知崔顺甥男一曰斌娶程氏甥乚女一适燕山右

卫指挥使安泰铭曰

猗嗟宜人 出自名门 媲彼君子 妇道克臻 以仪姻党乚以欲后昆 徵善忽膺

药饵莫伸 名乡之原 宅兆嶙峋乚我銘其墓 永徵音于前春

注：

通政使司右参议：通政使司，官署名。明代以之为朝廷喉舌，把受事、封驳、引进三项职任统由其掌管。设通政使一人，正三品；左右通政各一人，正四品；左右参议各一人，正五品。

征仕郎：文散官名。唐始置。明制以征仕郎为从七品升授之阶。征仕郎原名征事郎。

中书舍人：官名。晋初于中书省置舍人、同事各一人。以后各代略有不同，明废中书省，但仍有中书舍人，属中书科，仅掌书写诰敕等事。

闻之稔矣：经常听到某事，某人之行为已经广为人知。稔，酝酿成熟。

武略将军：武散官名。金始置，明制武略将军为从五品初授之阶。

宴昵之私：私事，家事，秘不示外之事。药饵弗瘳：用任何药都治不好了。瘳，病愈。

明故封宜人王氏（善清）墓志铭（盖）

明故封宜人王氏墓誌銘
賜進士奉議大夫通政使司右叅議前翰林編脩廬陵趙昂撰
徵仕郎中書舍人直文淵閣錢唐吳謙書
徵仕郎中書舍人廣平程洛篆
太原王氏宜人以疾卒于正寢其哀子隆將以四月十日卜葬于
大興縣七里鋪北高村名鄉之原持錦衣衛鎮撫謝通所為狀衰
絰踵門請曰先妣不幸謝世欲丐先生之文以銘其墓嗚呼予雖
未識宜人而其潛德懿行閨閫之稔矣謹按狀而銘之宜人諱善清
姓王氏世為齊之濟寧州人胤出東晉王右軍之後父斌前錦衣
衛武略將軍母郭氏宜人生而聰慧稍長孝敬慈詳憂出流輩女
紅之事不閑姆訓而自能焉年笄歸錦衣衛撫軍葛君廷玉情欲
之私不留乎容儀動靜事舅姑以孝處閭里以和祭祀賓客
之或豐或儉各適其宜奴婢有過輒喻以利害未嘗出惡言以
詈之閨門之中肅肅雝雝井然有條而不紊焉嘗曰吾生既不得
為丈夫子以取功名垂竹帛苟以婦人自棄是天虛生矣豈不貽
笑於人乎一日感微恙服藥餌弗瘳踰數日而逝屬纊之頃方寸
不亂語言琅琅猶勸其君子以賢孝忠勤事
上而不及乎他也悲夫若宜人者其賢矣哉宜人生於洪武丙子九
月初九日卒於天順丁丑三月二十九日享年六十有二以夫貴
封宜人子男一曰隆即丐銘者娶張氏女三人長早世次贅冠帶
恩榮官陳信次適府軍右衛指揮同知崔順甥男一曰斌娶程氏甥
女一適燕山右衛指揮使[illegible]安泰銘曰
猗嗟宜人　出自名門　娩彼君子　婦道允臻　以儀姻黨
以裕後昆　微恙忽膺　藥餌莫伸　名鄉之原　宅兆嶙峋
我銘其墓　永徽音於千春

明故封宜人王氏（善清）墓志铭

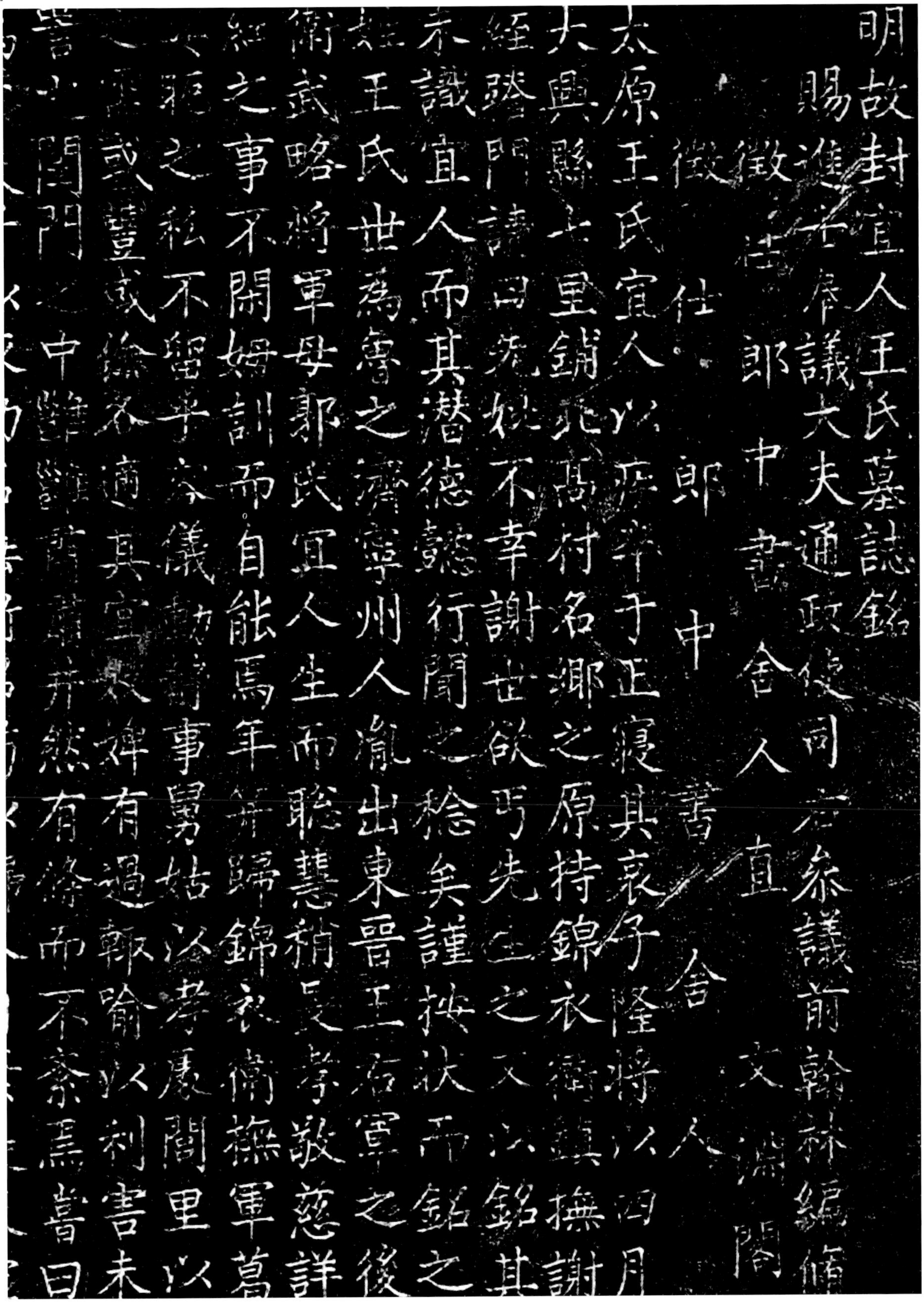
明故封宜人王氏墓誌銘
賜進士奉議大夫通政使司右參議前翰林編脩
徵仕郎中書舍人直文淵閣
徵仕郎中書舍人
太原王氏宜人以病卒于正寢其哀子隆將以四月
大興縣七里鋪范家村名鄉之原持錦衣衛鎮撫謝
經歷門請曰先妣不幸謝世欲丐先生之文以銘其
未識宜人而其潛德懿行聞之稔矣謹按狀而銘之
趙王氏世為魯之濟寧州人胤出東晉王右軍之後
衛武略將軍母郭氏宜人生而聰慧稍長孝敬慈詳
紉之事不閑姆訓而自能焉年笄歸錦衣衛撫軍葛
及殁之私不留乎容儀動靜事舅姑以孝處閭里以
之或豐或儉各適其宜奴婢有過輒喻以利害未
閨門之中雖肅雍然有條而不紊焉嘗曰

（局部）

江西左参政段公（正）墓志铭

明正统辛酉(1441)生弘治戊年（十一年,1498）卒,弘治十二年（1499）十一月四日葬

志长六〇厘米、宽六〇厘米、厚十一厘米；盖长六二厘米、宽六二厘米、厚九.五厘米。盖文五行，满行四字，篆书。志文三五行，满行四一字。正书。李杰撰文，许进书丹，王宗彝篆盖，李君作状。

一九八五年丰台区方庄小区出土。现藏丰台区长辛店镇连山岗石刻园。

超拜浙江按察副使浙西大水督诸郡治之水不为害豪右武断者一皆绳之以法坐前按江西
瑞州∟民以计杀其仇勘报延缓降授柳州府同知丁外内艰服阕改任汝宁时知府事者科罚
太重公坚执∟不可什减三四民以诵之上官交章举公屈在下僚弘治己酉擢荆州府知府荆
州在　∟辽府封内宗室挠法政弗克行公疏陈之　∟诏遣内外大臣往治得实　∟上命安
置松滋三将军于凤阳远安长阳两府诸将军中尉皆削官禄附徙者悉徙边郡内以宁湖广建
∟吉兴岐雍两府公受委协赞功克易成壬子己卯两为乡闱掌卷官裨益良多三载考绩治行
为天下最∟赐诰旌异丙辰擢江西左参政士民闻其复来无不欣慰岭北九江多盗南昌湖东
健讼公历守其地事∟皆刃迎缕解殛抚州害民之豪获赣州累年之盗平南∟昌市估均广信
夫役所至家受赐而人感惠盖∟公在仕途三十余年其政绩不能悉书然于此亦可□见矣其
为人孝友忠信廉介甚勤嗜读书喜为∟文无他玩好御下甚严未尝假以颜色案牍簿书躬自
检阅黠吏无敢欺者所若有介庵集三十卷宦∟游记闻十一卷栢台公案十五卷诸程日记三
卷藏于家公生于正统辛酉享年五十有八配周氏封孺∟人加封恭人子一即豸娶焦氏孙女
四长许娉四川参将魏公启长孙余在室呜呼公之行已莅官卓∟卓如此可以无愧矣其年不
至期颐而位不至台鼎斯则命也为之铭曰
伟矣段公维国之桢放历内外聿驱骏声维明维刚政以克成有材连抱宜栋清庙忽焉摧
折朝野伤∟悼民之无禄尼公远到惠爱在人著述有文公虽云亡不亡者存曷以表之视
此刻珉

注：

惊怛：惊讶、惊慌，同时痛苦悲伤。

据状叙：撰文人根据志主之子所提供的志主履历重新编排。状，熟悉志主之人所撰写的志主生平。

属文：连缀字句而成文章，即写作。

弱冠：指二十岁的成年男子。古时男子二十岁行成人礼，初加冠，但体犹未壮，故称弱冠。

京闱乡试：即指顺天乡试。京闱，指北京的考场。闱，科举考试会场关防严密，称锁闱，省称闱。

动中肯綮：做事得体，合情合理。肯，附着在骨头上的肌肉；綮，筋肉聚合的部位。肯綮，后来用以比喻事理的关键或要害。

许便宜行事：朝廷或皇帝准许某官员或将领自行处理突发事件。犹如说，将在外君令有所不受。

江西左参政段公墓志铭

赐进士出身中宪大夫掌翰林院事太常寺少卿兼本院侍读学士　经筵讲官兼乚东宫讲读官同修　国史会典副总裁前南京国子监祭酒海虞李杰撰文

赐进士出身通议大夫户部左侍郎灵宝许进书丹

赐进士出身通议大夫兵部左侍郎束鹿王宗彝篆盖

弘治戊午秋江西布政使司左参政段公进　乚表至京礼成辞归以疾卒于正阳门崇真观之寓舍八月七日也　搢绅士咸警怛往吊以公不至大用乚为惜己未冬十一月四日子豸将奉柩葬于东皋村以光禄少卿李君之状来乞铭余与君皆段公同乚年知其言之足徵也乃据状叙而铭之公讳正字以中别号介庵其先光泽州人祖奉先占籍锦衣遂家乚京师考善封监察御史赠荆州府知府母常氏封孺人赠太恭人公颖悟夙成七岁能属文弱冠游顺乚天府学提学御史见其文惊异之戎籍食廪膳自公始成化乙酉以易经魁京闱乡试丙戌中进士第乚戊子授直隶元城知县俗素强梗公取其尤无良者置诸法人始知惧　乚秀府之国道经元城从者闻公威望噤不敢索贿时公年富力强剸繁治剧绰有余裕巡抚巡按官咸以乚其政绩　乚闻壬辰召拜江西道监察御史凡所陈奏皆持大体关急务每见施行出按河南首执治贪黠知县一人乚郡邑屏息有望风解印绶者奉　乚敕查理大同粮储亲历边仓爬梳宿弊举劾甚众继按江西荒歉之余救治约束动中肯綮岁将满镇巡乚及三司官皆上疏请留　乚诏再巡一年许便宜行事兴革利弊犁然当于人心监临乡试亲综庶务去取惟公是科号称得士辛丑乚

明江西左参政段公（正）墓志铭（盖）

江西左參政段公墓誌銘
賜進士出身中憲大夫掌翰林院事太常寺少卿兼本院侍讀學士　經筵講官兼
東宮講讀官同修　國史會典副總裁前南京國子監祭酒海虞李傑撰文
賜進士出身通議大夫戶部左侍郎靈寶許進書丹
賜進士出身通議大夫兵部左侍郎東鹿王宗彝篆蓋
弘治戊午秋江西布政使司左參政段公進
表至京禮成辭歸以疾卒于正陽門崇真觀之寓舍八月七日也搢紳士夫咸驚怛往弔以公不至大用
為惜己未冬十一月四日子彥將奉柩葬于東臯村以光祿少卿李君之狀來乞銘予與君皆敀公同
年知其言之足徵也乃援狀叙而銘之公諱正字以中別號介菴其先澤州人祖泰元占籍錦衣遂家
京師考善封監察御史贈荊州府知府妣常氏封孺人贈太恭人公穎悟夙成七歲能屬文弱冠游順
天府學提學御史見其文驚異之戒籍食廩膳自公始成化乙酉以易經魁京闈鄉試丙戌登進士第
戊子授直隸元城知縣俗素強梗公懲其尤無良者置諸法人始知懼
秀府之國道經元城從者倚公威望禁不敢索賂時公年富力強剸繁治劇綽有餘裕巡撫巡按官咸
其政績
聞壬辰召拜江西道監察御史凡所陳奏皆持大體關急務每見施行出按河南首執治貪黷知縣一人
郡邑屏息有望風解印綬者奉
勅查理大同糧儲親歷邊倉剔梳宿弊舉劾甚衆繼按江西荒歉之餘救治約束動中肯綮[illegible]按薊鎮巡
及三司官皆上疏請留
詔再巡一年許便宜行事興革利弊翕然當於人心監臨鄉試親綜庶務去取惟公是科號稱得士辛丑
超拜浙江按察副使浙西大水督諸郡治之水不為害豪右武斷者一皆繩之以法坐前按江西瑞州
民以計傾其仇勘報延緩降授柳州府同知丁外內艱服闋改任汝寧時知府事者科罰太重公堅沈
不可什減三四民歌誦之上官交章舉公屈在下僚弘治己酉擢荊州府知府荊州在
遼府封內宗室撓法政弗克行公疏陳之
詔遣內外大臣往治得實
上
命安置松滋三將軍於鳳陽遠安長陽兩府諸將軍中尉皆削冠祿附從者悉徙邊郡以寧湖廣建
吉興岐雍四府公受委協贊功免易代壬子乙卯兩為鄉闈掌卷官稗益良多一載考績治行為天下最
賜誥旌異丙辰擢江西左參政士民聞其後來無不欣慰嶺北九江多盜南昌湖東從訟公歷守其地事
皆刃迎縷解磁撫州害民之豪徙贛州累年之盜平南昌市估均廣信夫役所至家受賜而人感惠盡
公在仕途三十餘年其政績不能悉書然於此亦可槩見矣其為人孝友忠信廉介儉勤嗜讀書喜為
文無他玩好御下甚嚴未嘗假以顏色婪贖簠簋甚自檢閑黠吏無敢欺者所著有介菴集三十卷宦
游記聞十卷栢臺公案十五卷諸辨日記三卷藏于家公生於正統辛酉卒年五十有八配周氏封孺
人加封恭人子一即彥娶焦氏孫女四長許聘四川參將魏公啓長孫餘在室嗚呼公之行已蒞官
卑如此可以無愧矣其年不至期頤而位不至台鼎斯則命也為之銘曰
儒矣段公維國之楨敭歷內外聿馳嘉聲維明維剛政以克成有材連抱宜棟清廟忽焉摧折朝野傷
悼民之無祿卮公遠到惠愛在人著述有文公雖云亡不亡者存曷以表之視此刻珉

明江西左参政段公（正）墓志铭

明故潘（杰、楷）母金宜人墓志铭

明宣德戊申(1428)正月生，弘治庚申（十三年,1500）月卒,同年十一月十日葬

志长六一厘米、宽六二厘米、厚一〇厘米；盖长六一厘米、宽六三厘米、厚一〇厘米。盖文三行，满行三字。篆书。志文三一行，满行三三字。正书。李东阳撰，魏玒书，曾鉴篆。

一九八八年丰台区南苑乡肖村出土。现藏丰台区长辛店镇连山岗石刻园。

潘母金宜人墓志铭
资政大夫　太子少保礼部尚书兼　文渊阁大学士知　⌊制诰　经筵　国史官长沙
李东阳撰
赐进士第中顺大夫太仆寺少卿广阳魏玒书
赐进士第资善大夫工部尚书郴阳曾鑑篆
宜人金氏卒将葬其子锦衣卫副千户杰陕西按察司副使楷以父命请予铭盖其⌊属纊之际
楷在官杰亦勘狱云南皆不获亲视含敛谓非刻铭著行无以用其情者⌊楷之举于乡予实校
其文闻其家世为详乃按状为铭宜人金氏生京师父甫山⌊籍锦衣为校尉为之择配得潘君
本中之贤遂归焉初君考宗盛赘于锦衣小旗归⌊□□无子籍公代役因冒归姓君复代之时
甫成童三弟皆幼孤孱寡援宜人能以⌊勤俭佐家政每馈事暇澣涤纫缀未尝少辍岁时家祭
必极精洁曰生不逮养没又⌊不能祭安用为妇也君在官每输钱免役宜人曰此岂可久盍免
图后计君乃奋力⌊从事著勤能声为指挥袁公彬所信任承委卷椟天顺癸未门指挥逵与袁
搆隙君⌊坐重累谪戍辽东家属当从或谓其子若女皆幼宜人宜留京师别买媵以往宜人⌊
泣曰妇我从夫死生以之安得以患难相背弃哉以子女托其从父尽脱簪珥为养□⌊抚育乃
就道故君虽处颠沛籍以朝夕殆忘其忧成化乙酉君值　⌊赦还调武成后卫见二子已颖出
遣从外传宜人亲给膏火及束修费延致宾友与同⌊讲习而私督戒之袁事白君亦复籍锦衣
以年劳稍迁为总旗庚寅被荐入东厂领⌊缉访事壬辰以捕盗功陞百户乙未被　⌊敕命封
宜人为安人于是始奏复潘姓弘治戊申君称老致仕子杰嗣其官以才敏受⌊任分理狱讼陞
副千户获被　⌊诰命以其官封君宜人始进今封楷举丁未进士为翰林庶吉士历监察御史
至今官⌊绰有治行庶子棐从使哈密将见甄录而宜人以寿终庚申二月十一日也距生宣⌊
德戊申正月二十八日年七十三是岁十一月十日葬都城东下马庄社之原女三适⌊锦衣千
户许璋王辅乡贡士冀业孙炳随侍　⌊东宫曾孙一表呜呼宜人孝敬自将仪范及物为妇为
母足以无愧至于嫁孤妹赒贫⌊族尤人所难中值险厄晚遭荣遇其顺适燕豫安居而色豢者
盖无几也然有子登⌊仕皆能以职业为扬显地衍祚延祉天固将赏之观德者亦有徵焉予故
铭其事行⌊以慰君及其子之心铭曰
从夫于难而与其荣教子以勤而飨其成盈亏益谦乃数之恒弗上寿以上寿其能⌊平有
来绳绳将以为后徵兮

注：

李东阳：明茶陵人，字宾之，号西涯。天顺进士。孝宗朝官至文渊阁大学士。辅翼武宗，立朝五十年，清节不渝。当刘瑾用事时，东阳潜移默御，保全善类，卒谥文正。

勘狱：勘，审问。

亲视含敛：亲自看着死者入殓。含，饭含，置于死者口鼻等处的玉件，据说可以防腐。

代役：以身替代服劳役。

买媵：纳妾。媵，古时指随嫁，也指随嫁之人，后即指婢妾。

遣从外傅：专门送到老师家去学习。

束脩：学费。原为一束干肉，孔子曾说“自行束脩以上，吾未尝而不教也”。

东厂：官署名。明成祖为镇压官员中的反对派，于永乐十八年（1420）在京师东安门北设立。用宦官提督,常以司礼监秉笔太监之第二、第三人充任，属官有掌刑千户、理刑百户各一员，由锦衣千户、百户充当，称贴刑官。从事特务活动，诸事可直接上报皇帝，权力在锦衣卫之上。

东宫：太子所居之室，也借以指太子。

上寿：意即最高的年寿，古代有几种说法。

1.上寿百二十岁，中寿九十以上，下寿八十以上；2.上寿百年以上,中寿九十以上,下寿八十以上；3.上寿百岁,中寿八十,下寿六十.

明故潘（杰、楷）母金宜人墓志铭（盖）

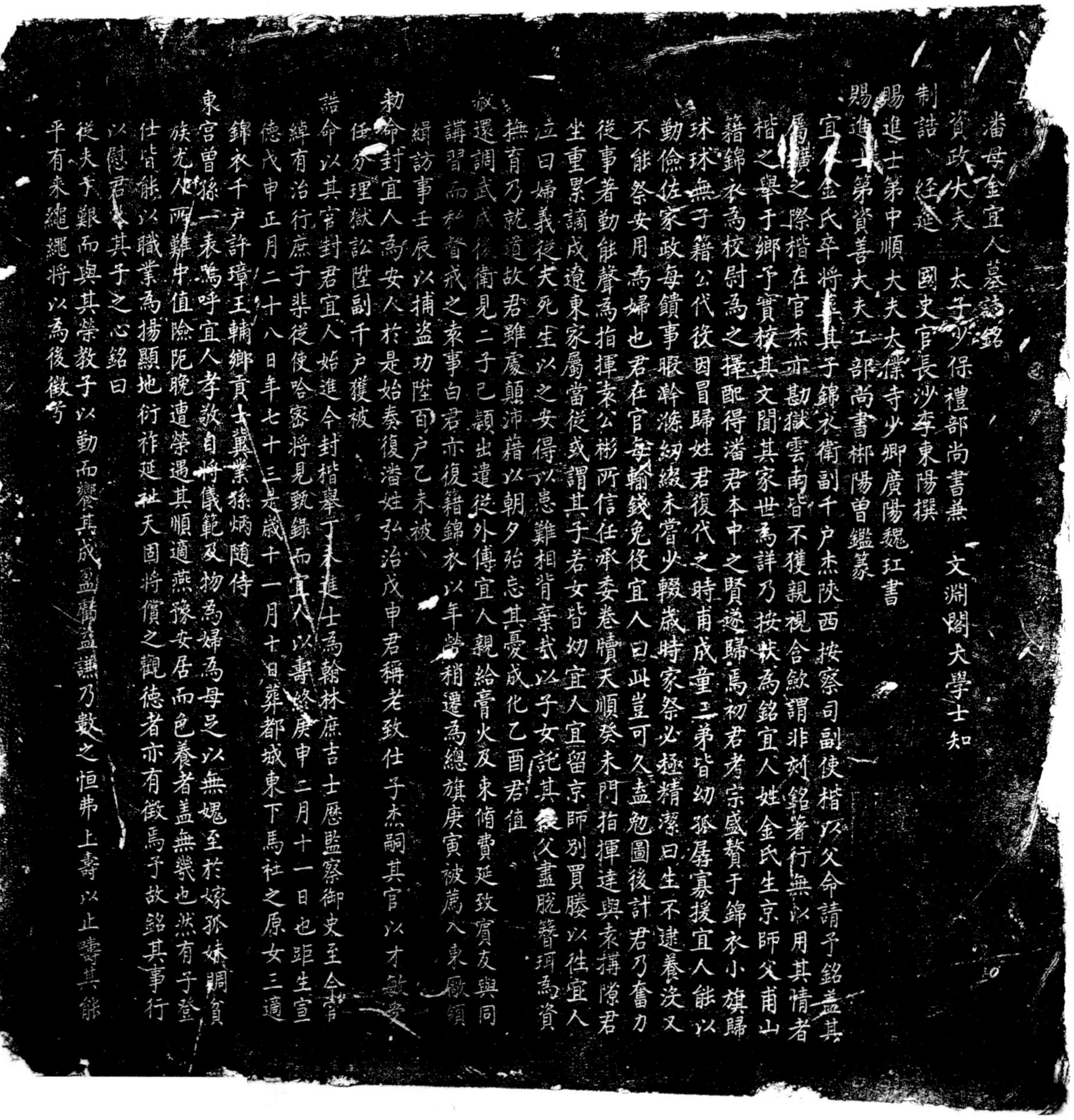

潘母金宜人墓誌銘
資政大夫　太子少保禮部尚書兼　文淵閣大學士知
制誥　經筵　國史官長沙李東陽撰
賜進士第中順大夫大僕寺少卿廣陽魏玒書
賜進士第資善大夫工部尚書郴陽曾鑑篆
宜人金氏卒將葬其子錦衣衛副千户杰陝西按察司副使楷以父命請予銘蓋其
屬纊之際楷在官杰亦勘獄雲南皆不獲親視含歛謂非刻銘著行無以用其情者
楷之舉于鄉予實校其文聞其家世為詳乃按狀為銘宜人姓金氏生京師父甫山
籍錦衣為校尉為之擇配得潘君本中之賢遂歸焉初君考宗盛贅于錦衣小旗歸
球球無子籍公代役因冒歸姓君復代之時甫成童三弟皆幼孫孱寡援宜人能以
勤儉佐家政每饋事暇幹滌紉緻未嘗少輟歲時家祭必極精潔曰生不逮養沒又
不能祭安用為婦也君在官每輸錢免役宜人曰此豈可久盍恕圖後計君乃奮力
從事著勤能聲為指揮袁公彬所信任承委卷牘天順癸未門指揮達與袁搆隙君
坐重累謫戍遼東家屬當從或謂其子若女皆幼宜人宜留京師別買媵以侍宜人
泣曰婦義從夫死生以之安得以患難相背棄哉以子女託其叔父盡脫簪珥為資
撫育乃就道故君雖虆顛沛藉以朝夕殆忘其憂成化乙酉君值
赦還調武成後衛見二子已穎出遣從外傳宜人親給膏火及束脩費延致賓友與同
講習而私督戒之袁事白君亦復籍錦衣以年勞稍遷為總旗庚寅被薦入東廠領
緝訪事壬辰以捕盜功陞百户乙未被
勅命封宜人為安人於是始奏復潘姓弘治戊申君稱老致仕子杰嗣其官以才敏受
任分理獄訟陞副千户獲被
誥命以其官封君宜人始進今封楷舉丁未進士為翰林庶吉士歷監察御史至今官
綽有治行庶子裴從使哈密將見甄錄而宜人以壽終庚申二月十一日也距生宣
德戊申正月二十八日年七十三是歲十一月十日葬都城東下馬社之原女三適
錦衣千户許璋王輔鄉貢士龔業孫炳隨侍
東宮曾孫一表嗚呼宜人孝敬自將儀範及物為婦為母是以無媿至於嫁孤妹賙貧
族尤人所難中值險阨晚遭榮遇其順適燕豫安居而色養者蓋無幾也然有子登
仕皆能以職業為揚顯地衍祚延祉天固將償之觀德者亦有徵焉予故銘其事行
以慰君及其子之心銘曰
從夫于艱而與其榮教子以勤而饗其成盈虧益謙乃數之恒弗上壽以止壽其餘
平有來繩繩將以為後徵兮

明故潘（杰、楷）母金宜人墓志铭

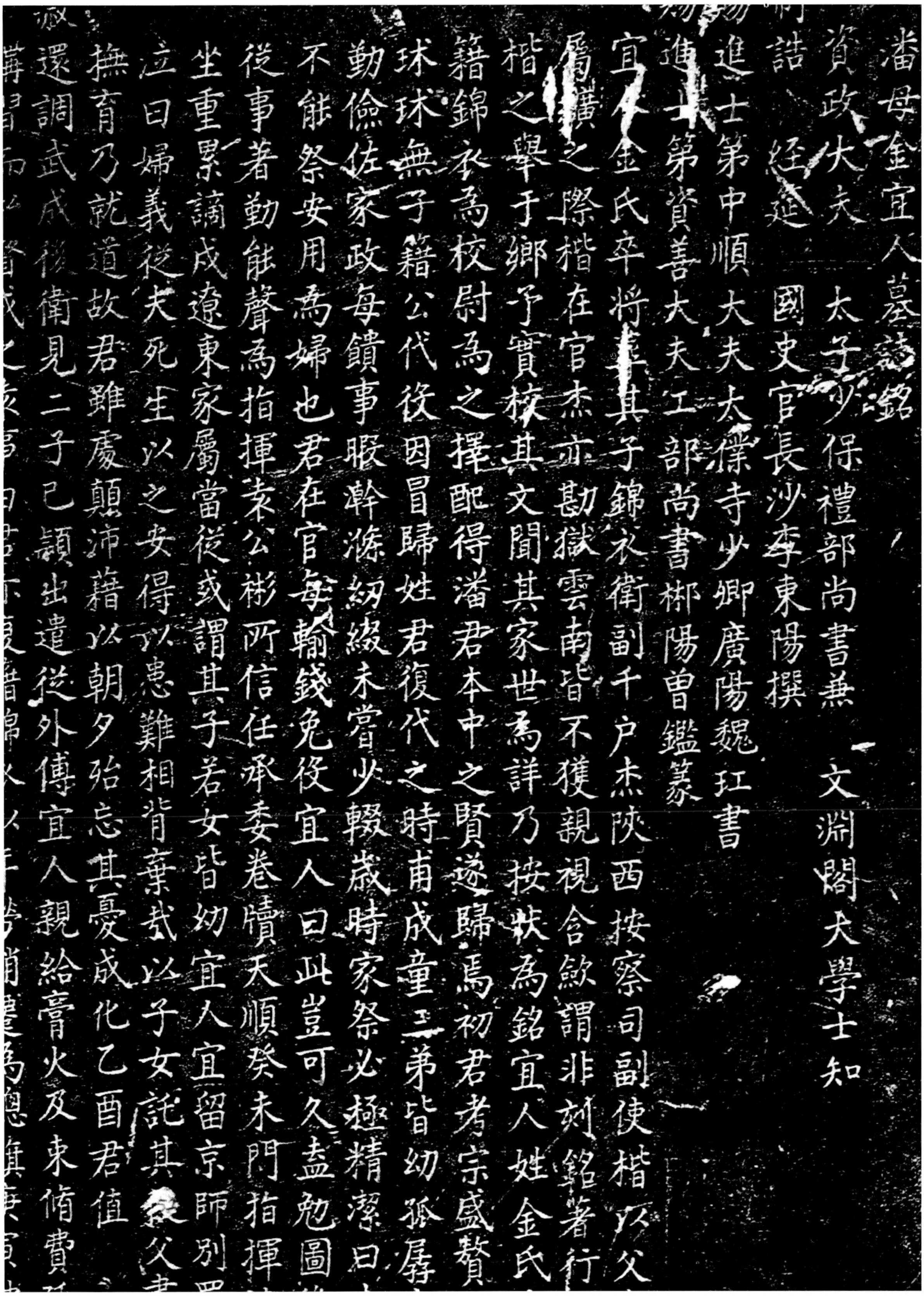
潘母金宜人墓誌銘
資政大夫太子少保禮部尚書兼文淵閣大學士知
制誥經筵國史官長沙李東陽撰
賜進士第中順大夫太僕寺少卿廣陽魏玒書
賜進士第資善大夫工部尚書郴陽曾鑑篆
宜人金氏卒將葬其子錦衣衛副千户杰陝西按察司副使楷以父
屬纊之際楷在官杰亦勘獄雲南皆不獲親視含歛謂非刻銘著行
楷之舉于鄉予實校其文聞其家世爲詳乃按狀爲銘宜人姓金氏
籍錦衣爲校尉爲之擇配得潘君本中之賢遂歸焉初君考宗盛贅
球球無子籍公代役因冒歸姓君復代之時甫成童三弟皆幼孫孱
勤儉佐家政每饋事暇辨滌紉綴未嘗少輟歲時家祭必極精潔曰
不能祭安用爲婦也君在官每輸錢免役宜人曰此豈可久盍勉圖
從事著勤能聲爲指揮袁公彬所信任承委卷牘天順癸未門指揮
坐重累謫戍遼東家屬當從戍謂其子若女皆幼宜人宜留京師別罪
泣曰婦義從夫死生以之安得以患難相背棄哉以子女託其父
撫育乃就道故君雖屢顛沛藉以朝夕殆忘其憂成化乙酉君值
赦還調武成後衛見二子已頴出遣從外傅宜人親給膏火及束脩費

(局部)

明故前四川左布政使潘公（楷）墓志铭

明景泰甲戌（1454）七月生，正德壬申（七年，1512）十一月卒，正德八年（1513）正月二十六日葬

志长六三厘米、宽六一厘米、厚一〇厘米；盖长六二厘米、宽六二厘米。盖文四行，满行三字。篆书。志文二八行，满行三〇字。正书。石珤撰。刘棨书，李浩篆。

一九八八年六月丰台区南苑乡肖村出土。现藏丰台区长辛店镇连山岗石刻园。

明故前四川左布政使潘公墓志铭

赐进士朝议大夫国子祭酒　经筵　讲官赵郡石珤撰

中宪大夫太常寺少卿兼　经筵官直　内阁东吴刘棨书

赐进士通议大夫兵部左侍郎山西平阳府李浩篆

正德壬申冬十一月二十有六日前四川左布政使潘公以正卒其兄锦∟衣卫指挥佥事以明来请铭先是辛未之冬以正盖尝谒予文为以明寿∟今裁几日耳而遽有此悲夫按状公讳楷姓潘氏以正其字也世为应天∟溧阳人曾祖贵　∟国初始隶戎籍祖讳道信永乐间　∟扈从至北京为锦衣卫小旗考讳庸历陞锦衣卫百户以子杰贵赠明威将∟军妣金氏赠太恭人公早负秀质补武学生治易经成花丙午顺天乡试∟中式连捷丁未进士改翰林庶吉士弘治庚戌擢陕西道监察御史监　∟内府库巡视西城未几巡居庸等关出按淮阳等四府比旋再使河南所在∟以严明著逾两考陞陕西按察副使奉　∟敕整饬西宁兵备都御史周公季麟荐其才奏将古浪镇番等卫悉听管辖居∟二年闻母丧去位壬戌继罹父忧甲子服阕除山东按察副使清理户籍∟所部有蒋姓者输粟为指挥负赀怙势不可制公按其家得军二人入伍∟豪右慑伏二岁之间遂得补各卫所正军三千余名时莒州知州宋某以∟酷治郡死者若干人公断以法宋得抵罪巡按御史金公洪奏加旌擢正∟德丁卯遣山西按察使监试事人号得体戊辰转四川左布政使严门禁∟谨库藏杜绝私馈省中肃然辛未坐事夺职公即家居益惇孝友方与兄∟图所以教子弟周族里急难振乏以毕仁民之志事未集而卒距其生于∟景泰甲戌七月二十七日得年五十有九配安氏封孺人子烔卜以卒之∟明年癸酉正月二十六日葬于城南下马庄祖茔之次公早负志气期∟于显亲即果登高科跻崇级官历藩臬兄弟一时并掌刑明为中外所称∟可谓能成其志哉铭曰

百行之备实始孝友乃如诗书显于介胄文武不渝以大厥后百世有称∟是谓不朽

注：

锦衣小旗：明代锦衣卫编制中最低级军官职称。小旗：武官名，明置。属千户所，地位在总旗之下。每一小旗下辖军士十人，每一总旗下辖五十人。

罹父忧：罹，遭遇，遭受；父忧，父亲的丧期。此指适居父亲的丧期，为父守丧的时期。

服阕：古代丧礼规定，父母死后，守丧三年，期满除服，称服阕。阕，终了之意。

输粟：指花钱买官。

负资怙恃：仗着有钱财而无法无天。

以酷治郡：以称得上残酷的方法治理郡县。

明故前四川左布政使潘公（楷）墓志铭（盖）

明故前四川左布政使潘公墓誌銘
賜進士朝議大夫國子祭酒　經筵　講官趙郡石珤撰
賜進士□大夫□部右侍郎□經筵□□□□內閣東吳劉□書
賜進士通議大夫工部左侍郎山西平陽府李浩篆
正德壬申冬十二月二十有六日前四川左布政使潘公以正卒其兄錦
衣衛指揮僉事□明來請銘先是辛未之冬以正蓋嘗謁予文為以明壽
今歲幾日耳而遽有此悲夫按狀公諱楷姓潘氏以正其字也世為應天
溧陽人曾祖貴
國初始隸戎籍祖諱道信永樂間
扈從至北京為錦衣衛小旗考諱庸歷陞錦衣衛百戶以子貴贈明威將
軍妣金氏贈太恭人公年負秀質補武學生治易經成化丙午順天鄉試
中式連捷丁未進士改翰林庶吉士弘治庚戌擢陝西道監察御史監
內府庫巡視西城未幾巡居庸等關出按淮陽等四府已復再使河南所在
以嚴明著遷兩考陞陝西按察副使奉
勅整飭西寧兵備都御史周公季麟為其才奏將古浪鎮番等衛悉聽管轄居
二年聞母喪去位壬戌繼罹父憂甲子服闋除山東按察副使清理尺籍
所部有蔣姓者輸粟指揮貪緣怙勢不可制公按其家得軍二人入伍
□右懾伏二歲之間遂得補各衛所正軍三千餘名時莒州知州宋某以
□治罪死者若干人公斷以法宋得抵罪巡按御史金公洪奏加旌擢正
德丁卯進山西按察使監試事入彌得體戊辰轉四川左布政使嚴門禁
謹庫藏杜絕私饋者中肅然辛未坐事奪職公既家居益惇孝友古與兄
國所以教子弟周族里急難振之以畢仁民之志事未集而卒距其生于
景泰甲戌七月二十七日得年五十有九配安氏封孺人子炯十以卒之
明年癸酉正月二十六日葬于都城南下馬社祖塋之次公早負志氣期
于顯親既果登高科躋崇級官歷藩臬兄弟一時並掌刑明為中外所稱
可謂能成其志哉銘曰
百行之備實始孝友乃如詩書顯于介冑文武不渝以大厥後百世有稱
是謂不朽

明故前四川左布政使潘公（楷）墓志铭

正衛盆下□明來赫命之冬以正盖甞謁子文以□政使潘□

今裁人□祖□日耳而遇有此悲夫按伏公諱楷如滿民以正其字也

平陽人□□祖詩永樂間

國初始至北□金氏昭太恭人公早負秀質循歷□錦永衛百戶以于末順□丁

危俊處金氏□歸衣衛小殤考諱庭堕武學生治易經成化丙丁順御

軍六達其丁未進士改居府庶吉士按弘治庚戊擢陝西道監察御

中乆巡視西城求裛巡陽等四府□未淮陽等四府巡陝西道監察御

內府巡視西城求陞同陝西按察副史未奏將古浪鎮壶等衛所

嚴明著適兩考陞陝西□公李麟為其才不可制公被其家得悲兩

按西寧兵備都御史同公按察□服闕除山東按察副使得悲兩

二年閒安氏去位壬戊繼罪父憂怗势□古浪鎮壶等衛副軍二

所部有將姓者輸粟三精補各衛正軍三千餘名時莒州知州□

農石□伏三歲之閒遴符補各衛所正軍三千餘名時莒州知州□

嘗治郡邑西按察使監試事人歸得抵罪戊按御火金公洪泰州

德丁卯道山按察使監試事人歸得抵罪戊辰轉四川左布政使

証舉威枉絶私饋者中蕭然辛未坐事奪職公既家居益博孝右

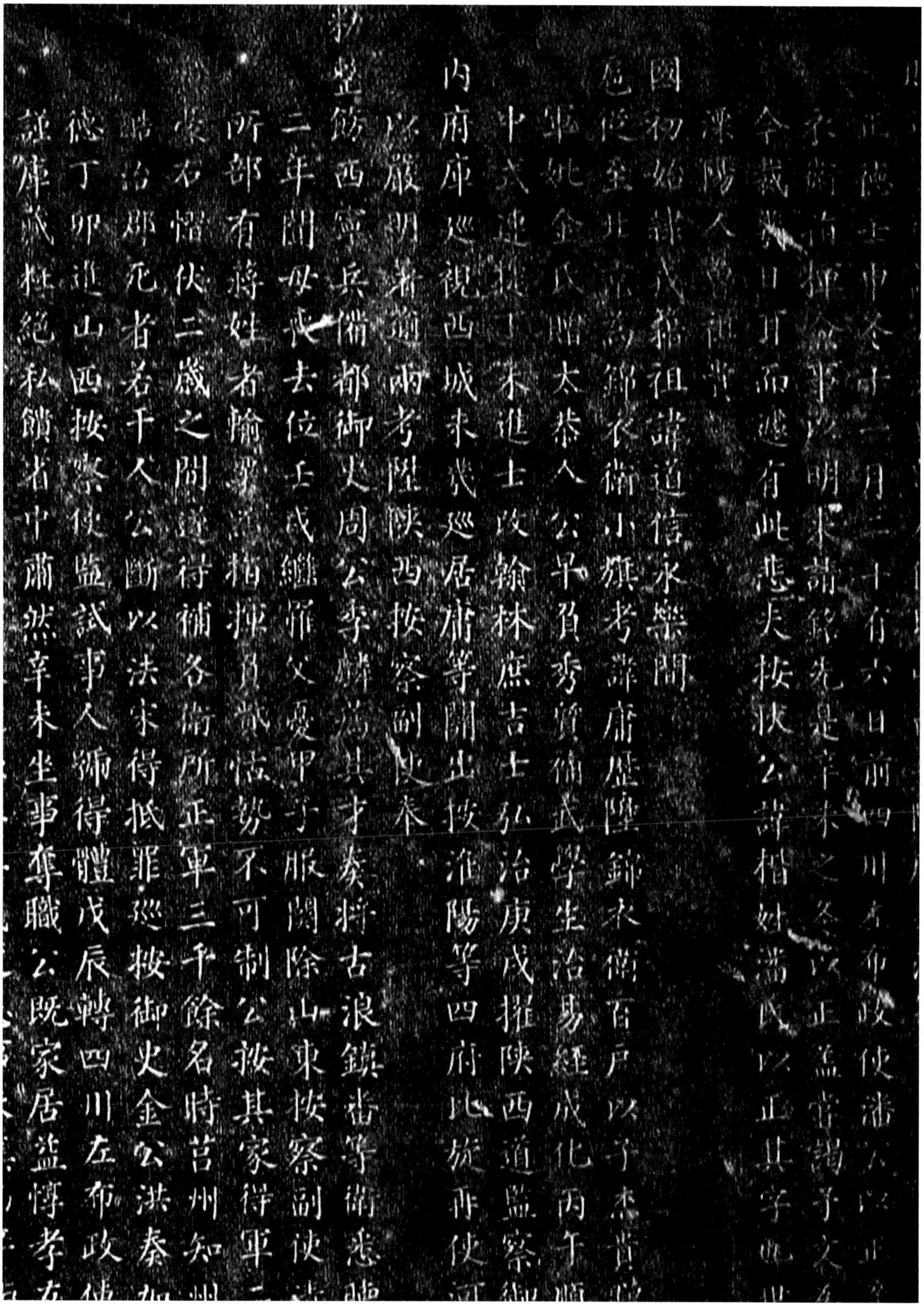

明故锦衣卫指挥佥事潘公（杰）墓志铭

明景泰壬申(1452)十二月生　　正德十二年（1517）十一月卒,同年十二月十九日葬

志、盖均长六八厘米、宽六八厘米、厚九.五厘米；盖文四行，满行四字。篆书。志文三三行，满行三七字。正书。李逊学撰，李鐩书，石玠篆，魏秉德作状。

一九八八年六月丰台区南苑乡肖村出土。现藏丰台区长辛店镇连山岗石刻园。

事鞫谳精密时逆瑾擅权大臣多被诬系狱公当临问不欲令∟与群下相质辩悉授楮笔俾各

自狱中具词曰其事人甚德之尝曰秋霜之严何如春阳之温∟故凡情可矜可疑者多得平反

其明刑慎罚类比　∟朝廷嘉其贤劳历赐蟒衣斗牛品服及通鉴纂要回文诗己巳谢事休于

家食俸如故丙子以孙∟坊袭祖职公俊爽英毅莅政不苟用法平恕无苛刻之习性孝友事亲

极其爱敬存殁葬祭曲∟尽心力与仲弟方伯以正季弟千户以文相处自幼至白首怡怡然无

少间方伯先卒抚其孙∟如己子尤好施予凡乡里族属僚友以缓急叩即挥畀弗吝方优游觞

俎日偕亲朋乐余年而∟遽以今岁正德丁丑十二月十一日抱疾终呜呼痛哉距其生景泰壬

申十二月初一日得寿六十有六配王氏累封至恭人二德相媲子一炳锦衣卫后所所镇抚早

卒娶张氏女一适武∟骧卫舍人高璠孙一即坊娶驸马都尉樊公孙女坊以今年十二月十九

日葬公于都城南下∟马庄之原与以文具致仕南京太仆卿魏公秉德状丐予铭予于以正为

同年又同游翰林则∟于以明固自有通家之谊不可辞也乃为铭铭曰

椒蕃盈匊鸿渐翔逵积深庆远理则其宜公始嗣微百夫之长以才干勳懋官懋赏即擢卫

使∟复典∟诏刑罚丽于事人称其平赫赫金吾世所深愿退自急流尤炳先见出入∟禁

近始显扬得正而归亦孔之藏都城之阳爰有斧　我铭其藏以永后告

注：

资政大夫：文散官名。金代始置，明制以为正二品升授之阶。

宜人：已见前注。

鞫讯：审问犯人。

楮笔：即纸笔。楮，构树，亦名穀树。叶似桑，皮可制纸。

逆瑾擅权：指大太监刘瑾专权。

被诬系狱：被诬告进了监狱。

明故锦衣卫指挥佥事潘公墓志铭

赐进士资善大夫掌詹事府事礼部尚书兼翰林院学士　内阁专管∟诰敕　经筵讲

官上蔡李逊学撰

赐进士第光禄大夫柱国　太子太保工部尚书　经筵前兼都察院左佥都御史奉∟

敕总督陕西三边军饷并经略山海等关边务汤阴李鐩书

赐进士　太子少保资政大夫户部尚书侍　经筵官藁城石玠篆

公讳杰字以明姓潘氏别号鹤山先世应天溧阳人∟国初曾祖贵以谪戍去其乡祖道信永乐间扈从至京籍锦衣卫为小旗以子贵赠昭信校尉锦∟衣卫百户父庸锦衣卫后所弓矢司百户以公贵封武略将军锦衣卫后所副千户赠明威将∟军锦衣卫指挥佥事母金氏初封安人再封宜人赠太恭人公明敏慷慨早岁从事文学充武∟庠生弘治戊申嗣父官遂掌司印才能颖出凡差旗校于外必以天道国法戒劝且严限以革∟奸弊众甚惮服往时旗校后厅事恒露立虽寒暑风雨无所庇公买地购屋为廨宇人咸赖焉∟尝差通州捕盗旧有公馆隘且敝公设法缮治恢拓一新与御史察院东西联峙至今便之乙∟卯以勤能擢选辑事有功陞副千户署经历事未几差往勘云南疑狱比归复差大同提总兵∟官所至馈遗俱弗受辛酉以有功陞正千户甲子景州知州马驭怙势肆虐置非罪于死者若∟干人累岁鞫讯不能决公往断即服竟抵罪时有荷公需、雪冤者自分弗克报匍匐至京坊公之∟门第外再四称恩稽首而去畿内一势家以庄地累奏不决公勘问卒归于民正德丁酉擢今∟职推本卫镇抚司理刑仍掌司

明故锦衣卫指挥佥事潘公（杰）墓志铭（盖）

明故錦衣衛指揮僉事潘公墓誌銘
賜進士資善大夫掌詹事府事禮部尚書兼翰林院學士　內閣專管
誥敕　經筵講官上蔡李遜學撰
賜進士第光祿大夫柱國　太子太保工部尚書侍　經筵前兼都察院左僉都御史奉
勑總督陝西三邊軍餉并經畧山海等關邊務湯陰李鐩書
賜進士　太子少保資政大夫戶部尚書侍　經筵官藁城石玠篆
公諱杰字以明姓潘氏別號鶴山先世應天溧陽人
國初曾祖貴以讁戍去其鄉祖道信永樂間扈從至京籍錦衣衛為小旗以子貴贈昭信校尉錦
衣衛百戶父庸錦衣衛後所弓矢司百戶以公貴封武畧將軍錦衣衛後所副千戶贈明威將
軍錦衣衛指揮僉事母金氏初封安人再封宜人贈太恭人公明敏慷慨蚤歲從事文學充武
庠生弘治戊申嗣父官遂掌司印才能穎出凡差旗校于外必以天道國法戒勸且嚴限以革
奸弊衆甚憚服往時旗校偵廳事恒露立雖寒暑風雨無所庇公買地構屋為廨宇人咸賴焉
嘗差通州捕盜舊有公館隘且敝公設法經治恢拓一新與御史察院東西聯峙至今便之乙
卯以勤能推選緝事有功陞副千戶署經歷事未幾差往勘雲南疑獄比歸復差大同提総兵
官所至餽遺俱弗受辛酉以有功陞正千戶甲子景州知州馬馭怙勢肆詈寘非罪于死者若
干人累歲鞫訊不能決公往斷即服竟抵罪時有荷公雪冤者自分弗克報匍匐至京訪公之
門第外再四稱恩稽首而去畿內一勢家以莊地累奏不決公勘問卒歸于民正德丁卯擢今
職推本衛鎮撫司理刑仍掌司事鞫讞精密時逆瑾擅權大臣多被誣繫獄公當臨問不欲令
與群下相質辯悉授楮筆俾各自獄中具詞白其事人甚德之嘗曰秋霜之嚴何如春陽之溫
故凡情可矜可疑者多得平反其明刑慎罰類此
朝廷嘉其賢勞歷賜蟒衣斗牛品服及通鑑纂要廻文詩己巳謝事休于家食俸如故丙子以孫
坊襲祖職公俊爽英毅蒞政不苟用法平恕無苛刻之習性孝友事親極其愛敬存歿葬祭曲
盡心力與仲弟方伯以正季弟千戶以文相處自幼至白首怡怡然無少間方伯先卒撫其孤
如己子尤好施予凡鄉里族屬僚友以緩急叩即揮畀弗吝方優游觴俎日偕親朋樂餘年而
遽以今歲正德丁丑十一月十一日抱疾終嗚呼痛哉距其生景泰壬申十二月初一日得壽
六十有六配王氏累封至恭人一德相嫓子一炳錦衣衛後所所鎮撫早卒娶張氏女一適武
驤衛舍人高璠孫一即坊娶駙馬都尉樊公孫女坊以今年十二月十九日葬公于都城南下
馬社之原與以文具致仕南京太僕卿魏公秉德狀丐予銘予於以正為同年又同遊翰林則
於以明固自有通家之誼不可辭也乃為銘銘曰
楙蕃盈翊鴻漸翔達積深慶遠理則其宜公始嗣徽百夫之長以才以勳懋官懋賞既擢衛使
復典
詔刑罰嚴於事人稱其平赫赫金吾世所深顉退自急流尤炳先見出入
禁近始終顯揚得正而歸亦孔之臧都城之陽爰有斧屋我銘其藏以永後告

明故锦衣卫指挥佥事潘公（杰）墓志铭

明故潘（杰）恭人王氏墓志铭

明景泰癸酉(四年，1453)生，正德己卯（十四年1519）卒，同年三月三日葬

志长六二厘米、宽六二厘米、厚九厘米；盖长六二厘米、宽六一厘米、厚九厘米。盖文三行，满行三字。篆书。志文三〇行，满行三五字。正书。孙清撰，张瓒书，倪天民篆，魏玒作状。

一九八八年丰台区南苑乡肖村出土。现藏丰台区长辛店镇连山岗石刻园。

故潘恭人王氏墓志铭
赐进士及第中宪大夫山西等处提刑按察司副使奉　乚敕整
饬雁门等关兵备前翰林院编修　经筵官同修　国史出督学校事
余姚孙清撰
赐进士出身奉政大夫通政使司左参议前兵科都给事中沧州张瓒书
赐进士第中奉大夫山西等处承宣布政使司左布政使前　乚南京兵科给事中古燕倪天民
篆
恭人姓王氏明威将军锦衣卫理刑指挥佥事潘公杰之配也始明威起家世荫由百户乚历进今官
掌　乚诏狱事乃老就第以正德丁丑岁奄卒而恭人哭之恸哀毁臞瘠乃至手足不仁呻吟床箦乚
间药饵无力然犹卧护家事而丰约巨细各以贯举无异于明威时己而入己卯岁正月乚八日乃瞑
眩转侧竟弃养焉呜呼哀哉余以兄事明威知恭人之贤甚悉比其殁而恭人乚之孙百户坊及明威
之弟棐乃奉太仆卿魏公玒之所为状来请铭呜呼恭人之行余知之乚余之自信者也魏公吾乡之
望其言信于人者也其何说之辞邪状曰恭人世出顺天府乚之武清祖贵起民家附籍锦衣卫为伍
长父政嗣役母陈氏俪德并美笃生恭人恭人自乚幼已庄重凝然动合矩度而聪慧精巧治女事五
饭酒浆机杼无不善者比及笄久难其乚选而明威公太夫人方多方择妇闻之乃委禽焉迨归翁姑
具庆于堂恭人备隆孝养日乚膳必亲调时荐必躬举岁衣比精制故明威无内顾忧而翁姑皆以孝
养相怡焉太夫人乚性尤严厉而饮食衣服多务精洁恭人委屈周旋必求当其意至于匕箸之微亦
必亲为乚淬进盖寒暑始终无少变异故太夫人每每道恭人之贤至以夸于人云晚岁太夫人遘乚
疾痿痹而明威公方以事出遐方恭人力任保抱脱簪珥以延医疗及卒之日棺殓哭奠乚悉稽礼典
行之知者以为难明威之弟楷举进士仕至四川左辖而诸弟棐相辈俱为锦乚衣官诸妇并居皆恭
人综理焉不私以公同不奢以可久不偏以息争盖五十余年为孝乚友之家恭人多为之助云明威
历官三阶辄被　乚恩命晚乃为恭人而明威方居北司治　乚诏狱权要烜赫恭人每每戒束僮御
省谕子姓而于明威公则劝其平法求生详审矜恤以乚当天心故一时号无冤焉恭人生景泰癸酉
至己卯为六十有七年子男一炳锦衣卫后乚所镇抚早卒女一适高璠孙男一坊锦衣卫百户曾孙
一锭坊承重哀痛卜以卒年三月乚初三日于城南下马庄启明威之兆而同藏焉宜为铭曰
柔嘉以贞维内之则慈惠而方维母之德生荣以全维善之获善以永存率履不越邈哉乚固封
绪弗其绝

注：

恭人：明清时为四品官员之妻的封号。

奄卒：一下子就死了，令人意外。

哀毁臞瘠：形容由于悲痛而伤身的样子。

手足不仁：手脚麻木没有知觉。

瞑眩：头晕目眩。

伍长：即五家之长。古时对城乡居民进行编组，以什家为什，置什长；以五家为伍，置伍长。

女事五饭酒浆机杼：妇女日常要做的五件事，分别是：饭、酒、浆、机、杼。事实上，机杼只是一件事，即织布。

匕筯：勺子和筷子。

脱簪珥以延医疗：摘下自己的簪钗首饰去换钱延医治病。

明故潘（杰）恭人王氏墓志铭（盖）

故潘恭人王氏墓誌銘
賜進士及第中憲大夫山西等處提刑按察司副使奉
勅整飭鴈門等關兵備前翰林院編脩　經筵官同脩　國史由督學校事餘姚孫清撰
賜進士出身奉政大夫通政使司左參議前兵科都給事中滄州張瓚書
賜進士第中奉大夫山西等處承宣布政使司左布政使前
南京兵科給事中古燕倪天民篆
恭人姓王氏明威將軍錦衣衛理刑指揮僉事潘公杰之配也始明威起家世廕由百戶
歷進今官掌
詔獄事乃老就第以正德丁丑歲奄卒而恭人哭之慟哀毀躪瘠乃至手足不仁呻吟牀蓐
間藥餌無力然猶卧護家事而豐約巨細各以貫舉無異于明威時已而入己卯歲正月
八日乃瞑眩轉側竟棄養焉嗚呼哀哉余以兄事明威知恭人之賢嘉惑比其殁而恭人
之孫百戶坊及明威之弟棐乃奉太僕卿魏公玒所為狀來請銘嗚呼恭人之行余知之
余之自信者也魏公吾鄉之望其言信于人者也其何說之辭邪狀曰恭人世出順天府
之武清祖貴起民家附籍錦衣衛為伍長父政嗣後母陳氏儷德並美篤生恭人恭人自
幼已端重凝默動合矩度而聰慧精巧治女事五飯酒漿機杼無不善者比及笄久難其
選而明威公太夫人方多方擇婦閫之乃委禽焉迨歸翁姑具慶于堂恭人備隆孝養日
膳必親調時薦必躬衆歲衣必精製故明威無內顧憂而翁姑皆以孝養相怡焉太夫人
性尤嚴厲而飲食衣服多務精潔恭人委曲周旋必求當其意至于匕筯之微亦必親為
淬進蓋寒暑始終無少變異故太夫人每每道恭人之賢至以夸于人云晚歲太夫人遘
疾瘻痺而明威方以使事出遐方恭人力任保抱腕𦟛珥以延醫療及卒之日擗踊哭奠
悉稽禮典行之知者以為難明威之弟楷舉進士仕至四川左轄而諸弟棐相華俱為錦
衣官諸婦並居皆恭人綜理焉不私以公同不奢以可久不偏以息爭蓋五十餘年為孝
友之家恭人多為之助云明威歷官三階恭人隸被
恩命晚乃為恭人而明威方居北司治
詔獄權要烜赫恭人每每戒束僮御省諭子姓而於明威公則勸其平法求生詳審矜恤以
當天心故一時號無冤焉恭人生景泰癸酉至己卯為六十有七年子男一娶錦衣衛後
所鎮撫畢卒女一適高瓚孫男一坊錦衣衛百戶曾孫一錠坊承重衰痛卜以卒年三月
初三日于城南下馬社啓明威之兆而同藏焉宜為銘曰
柔嘉以貞維內之則慈惠而方維母之德身榮以全維善之獲善以永存率履不越遵哉
同封緒弗其絕

明故潘（杰）恭人王氏墓志铭

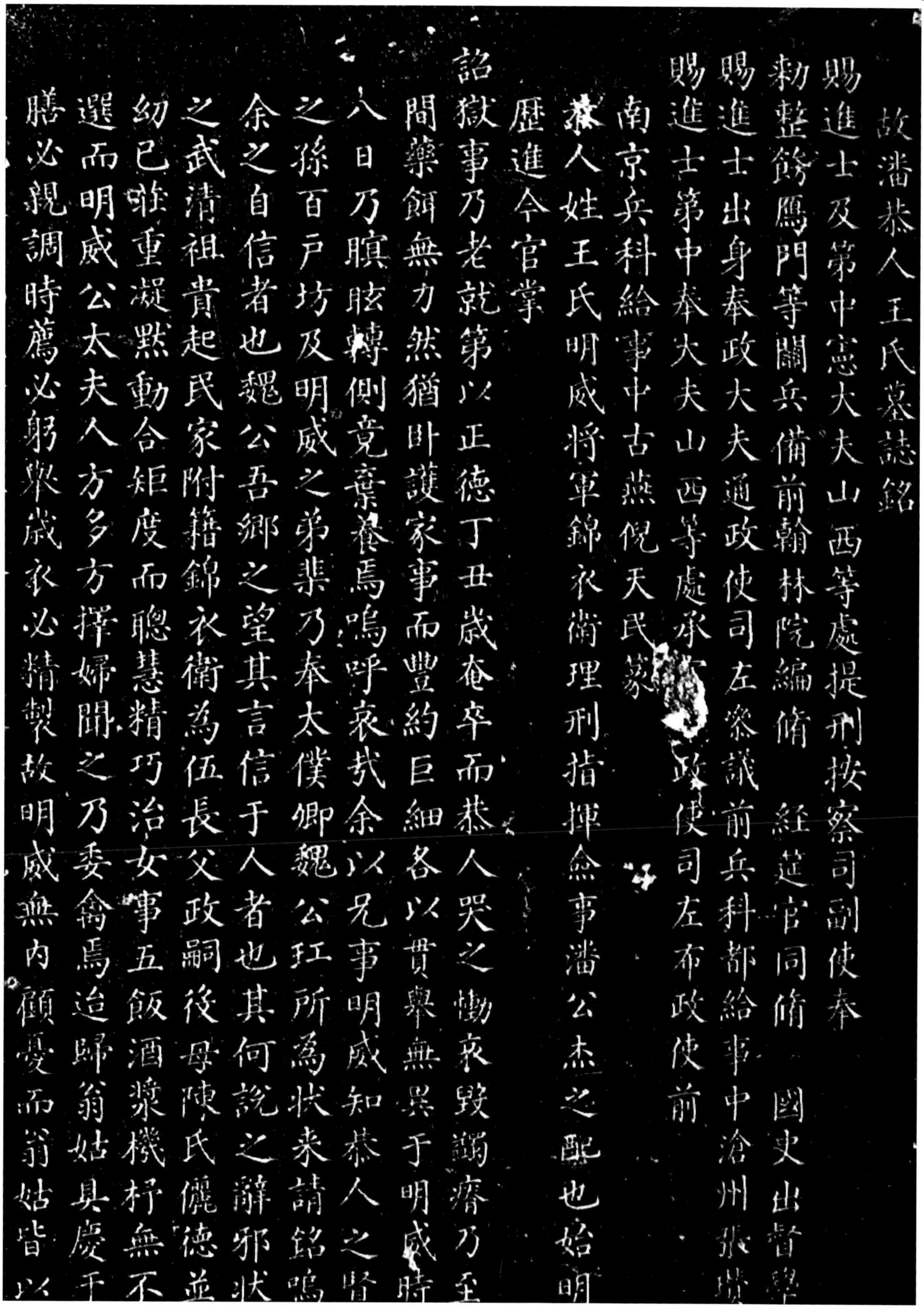

故潘恭人王氏墓誌銘
賜進士及第中憲大夫山西等處提刑按察司副使奉
勅整飭鴈門等關兵備前翰林院編脩　經筵官同脩　國史出督學
賜進士出身奉政大夫通政使司左參議前兵科都給事中滄州張瓚
賜進士第中奉大夫山西等處承宣布政使司左布政使前
南京兵科給事中古燕倪天民篆
恭人姓王氏明威將軍錦衣衛理刑指揮僉事潘公杰之配也始明
歷進今官掌
詔獄事乃老就第以正德丁丑歲奄卒而恭人哭之慟哀毀躪瘠乃至
間藥餌無力然猶卧護家事而豐約巨細各以貫舉無異于明威時
入日乃瞋眩轉側竟棄養焉嗚呼哀哉余以兄事明威知恭人之賢
之孫百戶坊及明威之弟棐乃奉太僕卿魏公玒所為狀來請銘嗚
余之自信者也魏公吾鄉之望其言信于人者也其何說之辭邪狀
之武清祖貴起民家附籍錦衣衛為伍長父政嗣後母陳氏儷德並
幼已端重凝默動合矩度而聰慧精巧治女事五飯酒漿機杼無不
選而明威公太夫人方多方擇婦閫之乃委禽焉迨歸翁姑具慶于
膳必親調時薦必躬衆歲衣必精製故明威無內顧憂而翁姑皆以

（局部）

明赠承德郎益庵薛公封太安人叶氏（秀）合葬墓志铭

明正统乙丑(1445)三月生，正德己卯（十四年1519）四月卒，同年五月二十八日葬

志、盖均长五七厘米、宽五六.五厘米、厚八厘米。盖文五行，满行四字。篆书。志文二五行，满行二八字。正书。许复礼篆，翁守洪作状。志右下角残缺。盖左半部残缺。

一九四九年后丰台区出土。现藏丰台区长辛店镇连山岗石刻园。

明赠承德郎益庵薛公封太安人叶氏合葬▨
赐进士出身翰林院编修文林郎　经筵官白溪▨
赐进士出身承德郎光禄寺寺丞前南京户部员外▨
赐进士出身徵仕郎吏科右给事中侍　㇗经筵官前翰林院庶吉士东安许复礼篆
正德己卯四月二十六日薛太安人卒其子礼部仪制清▨㇗泣以请曰吾父益庵公没志出景太
师伯时今吾母复弃养　㇗感讬之执事盖瑞顷以初考得　㇗赠其父益庵公如其官太安人始
以例受封凡四阅月以卒呜呼岂忍铭㇗之耶太安人姓叶氏讳秀京师人先世莫可考见父一公
以懿行称母㇗李氏太安人之生严重聪慧父母异之尝曰安得谨厚如此长者以记㇗及归益庵
公值家道中微能以勤俭裕百费事舅姑委曲承顺得其欢㇗心乡人论执妇道者以太安人为首
称于诸子慈不费教二子卒以天㇗官之学显而瑞之举于乡登正德戊辰进士知邹平县绰有治
声贤太㇗安人之教也遇诸子妇虽长有子女不少假辞色然性实慈爱不事刻㇗厉贱至藏获亦
温然抚之其严而有则如此比受封命乃泣谓其子曰㇗彼教子者不享其成顾我乃独受此耶盖
痛益庵公之逝也呜呼岂意㇗其遽此此哉距其生在正统乙丑三月十一日寿七十有五其卒后
益㇗庵公六年云子男三长理南京　钦天监五宫保章次瑁　钦天监漏㇗刻博士次即瑞女三
长适朱锐次适正鸿次适肖昂孙男四长居仁余㇗皆幼孙女四长适李隆余皆幼在室将于卒之
次月二十八▨㇗合葬焉呜呼朴于薛为姻戚每过从辄拜太安人于堂仪容诲言犹在㇗耳目状
出工部主事翁君守洪且信而有徵也是宜铭铭曰
有子有训如稼斯得匪徒外传肃我壸则封章赫赫有恩自天匪曰殊㇗典有子则然邓村之
原玄宅莽莽惟后六年合此泉壤

注：

文林郎：文阶官名。隋始置，明制以为正七品升授之阶。

翰林庶吉士：即翰林院庶吉士。翰林院，官署名。至明代始正式成为外廷官署，兼掌制诰、史册、文翰之事，为唐宋学士院及馆阁官与魏晋以后秘书监著作郎等职的合并。有学士、侍读学士、侍讲学士、侍读、侍讲、五经博士、编修、检讨、庶吉士等。自庶吉士以上统称之为翰林官。

太安人：清代实行命妇之制，朝廷对于官员进行封赠，六品官员之妻被封为宜人。由于女主人叶氏作为作志人之母，故曰太安人。

不事刻厉：不做刻薄不近人情的事。

钦天监五宫保：钦天监，官署名。明清设置，掌观察天文气象，编制历书。设监正、监副为正副长官，其属有主簿厅主簿，春夏中秋冬官正、五官灵台郎、五官保章正、五官挈壶正、五官监候、五官司历、五官司晨、漏刻博士。

钦天监漏刻博士：见前条。

明赠承德郎益庵薛公封太安人叶氏（秀）合葬墓志铭（盖）

明贈承德郎益菴薛公封太安人葉氏合
賜進士出身翰林院編修文林郎 經筵官白
賜進士出身承德郎光祿寺寺丞前南京戶部員
賜進士出身徵仕郎吏科右給事中侍
經筵官前翰林院庶吉士東安許復禮篆
正德己卯四月二十六日薛太安人卒其子禮部儀制清
泣以請曰吾父益菴公没誌出景太史伯時今吾母復棄養
敢託之執事盖瑞頃以初考得
贈其父益菴公如其官太安人始以例受封凡四閱月以卒嗚呼豈忍銘
之耶太安人姓葉氏諱秀京師人先世莫可考見父一公以懿行稱母
李氏太安人之生嚴重聰慧父母異之嘗曰安得謹厚如吾女者以配
及歸益菴公值家道中微能以勤儉裕百費事舅姑委曲承順得其歡
心鄉人論執婦道者以太安人爲首稱於諸子慈不廢教二子卒以天
官之學顯而瑞之舉於鄉登正德戊辰進士知鄒平縣綽有治聲皆太
安人之教也遇諸子婦雖長有子女不少假辭色然性實慈愛不事刻
厲賤至臧獲亦温然撫之其嚴而有則如此比受封命乃泣謂其子曰
彼教子者不享其成顧我乃獨受此耶盖痛益菴公之逝也嗚呼豈意
其遽止此哉距其生在正統乙丑三月十一日壽七十有五其卒後益
菴公六年云子男三長理南京 欽天監五官保章次瑁 欽天監漏
刻博士次即瑞女三長適朱鋭次適王鴻次適蕭昂孫男四長居仁餘
皆幼孫女四長適李隆餘皆在室将於卒之次月二十八日鄧村啓窆
合葬焉嗚呼扑於薛爲姻戚每過從輙拜太安人於堂儀容誨言猶在
耳目狀出工部主事翁君守洪且信而有徵也是宜銘銘曰
有子有訓如稼斯得匪徒外傳肅我壼則封章赫赫有恩自天匪曰殊
典有子則然鄧村之原玄宅嶙峋惟後六年合此泉壤

明赠承德郎益庵薛公封太安人叶氏（秀）合葬墓志铭

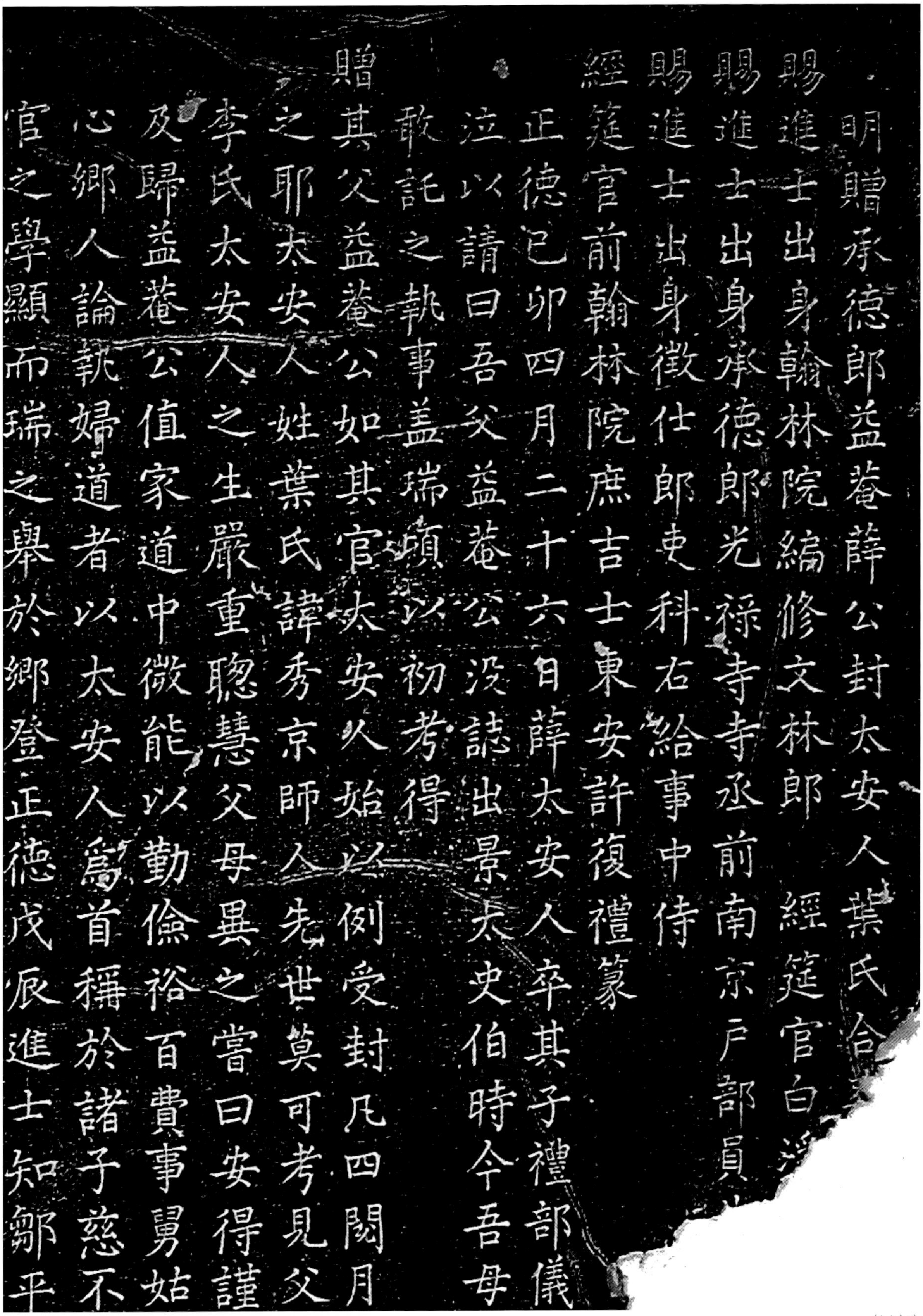
明贈承德郎益菴薛公封太安人葉氏合
賜進士出身翰林院編修文林郎 經筵官白
賜進士出身承德郎光祿寺寺丞前南京戶部員
賜進士出身徵仕郎吏科右給事中侍
經筵官前翰林院庶吉士東安許復禮篆
正德己卯四月二十六日薛太安人卒其子禮部儀
泣以請曰吾父益菴公沒誌出景夫史伯時今吾母
敢託之執事蓋瑞頑以初考得
贈其父益菴公如其官太安人始以例受封凡四閱月
之耶太安人姓葉氏諱秀京師人先世莫可考見父
李氏太安人之生嚴重聰慧父母異之嘗曰安得謹
及歸益菴公值家道中微能以勤儉裕百費事舅姑
心鄉人論執婦道者以太安人爲首稱於諸子慈不
官之學顯而瑞之舉於鄉登正德戊辰進士知鄢平

（局部）

明故锦衣刘（琦）母宋孺人墓志铭

明正统乙丑（十年，1445）生，正德庚辰（十五年，1520）九月卒，同年十一月十九日葬

志长五四厘米、宽五三厘米、厚八厘米；盖长五五厘米、宽五五厘米、厚八厘米。盖文四行，满行三字。篆书。志文二八行，满行三一字。正书。孙清撰，仝书，沈麟篆。

二十世纪八十年代初丰台区南苑出土。现藏丰台区长辛店镇连山岗石刻园。

□母朱孺人墓志铭

进士及第中宪大夫山西等处提刑按察司副使奉　敕整饬雁门等关兵备乚翰林院

国史馆编修　经筵官出督学校事余姚孙清撰

□训大夫鸿胪寺左少卿前中书舍人古燕仝钺书

□仪卫武德将军锦衣正千户华亭沈麟篆

孺人姓宋氏自宋归于刘为刘孺人今谢事鸿胪刘公宁之配而锦衣

副千户乚琦之嫡母也琦起家儒术屡从边戍辄尚首功赐级历晋武略将军锦衣卫副乚千户

副千户秩五品得以　乚诰封其亲于是将自孺人受宜人封号事业垂集矣正德庚辰秋九月

十九日而孺乚人病病盖故疾以为时日可异乃视故增剧也琦皇恐奔走徧扣尚医局诸用乚

药有效者至匍匐其门卷跽罔朝夜言与泪俱下诸尚医者皆为感动争布胗乚療琦衣冠望北

斗□哀吁乞减筭益亲寿然疾已真矣竟不可治乃十月十日乚奄卒云初孺人以门稽之选归

于鸿胪贞顺闲静事舅姑以孝谨有闻始诞一乚男子一女子女子已适千户何隆矣居无何男

子女子相继殇夭已而鸿胪公乚解官请老致产且千金孺人乃曰吾无复孕育矣诚愿早为嗣

续计人生如寄乚耳日月不复可留毋使他日有悔焉鸿胪公不能违于是得张氏女而张氏

女乚乃固淑善柔嘉善事鸿胪公及孺人他日诞一男子不育又诞男子则琦焉而乚歧异崭崭

秀暎眉目孺人遂自抚之又他日张氏数有喜连举三女子弘治辛乚酉□春张母病且卒泣请

谓琦曰刘氏有子汝嫡母之力也女不幸不及见□成乚立矣汝事老父尽子道事汝嫡母倍于

所生母习童嬉毋惰儒业勉之勉之其乚时鸿胪公家食已久无力于葬仅得一亩之兆于城南

藁藏而已张母既殁乚琦事鸿胪公及孺人悉如遗言云琦妹三人归为吴氏庞氏左氏妇咸宜

其家乚于孺人之卒也哀毁几不胜呜呼此岂可待于禄为者哉琦既贵拓茔地广数乚亩兹奉

孺人及张母之柩居兆之中合葬焉在魏村社枣林庄之原琦娶俞氏乚□男子二人秉愚秉鲁

女子二人尚幼孺人生正统乙丑至正德庚辰为寿七乚十有六其葬也以庚辰冬十一月十九

日铭曰

惟子之育惟母之鞠母之生子出入顾复繄我无母曷子于育繄母不我及我乚子之毒吁

嗟母兮

注：

孺人：清朝实行命妇制度，凡封赠时，一品官员之妻封为一品夫人，…三、四、五、六、七品官员之妻分别封为淑人、恭人、宜人、安人、孺人。故孺人应为七品官员之妻的封号。

嫡母：旧时妾生的子女称父亲的正妻为嫡母。

宜人：参见前条注。宜人应为五品官员之妻的封号。

乞减筭益亲寿：宋孺人之子刘琦发誓宁愿减少自己的寿命，再让母亲多活几年。

藁瘗：也作“藁葬”。草草埋葬之意。

哀毁几不胜：悲恸伤身得不得了。

明故锦衣刘（琦）母宋孺人墓志铭（盖）

明故锦衣刘（琦）母宋孺人墓志铭

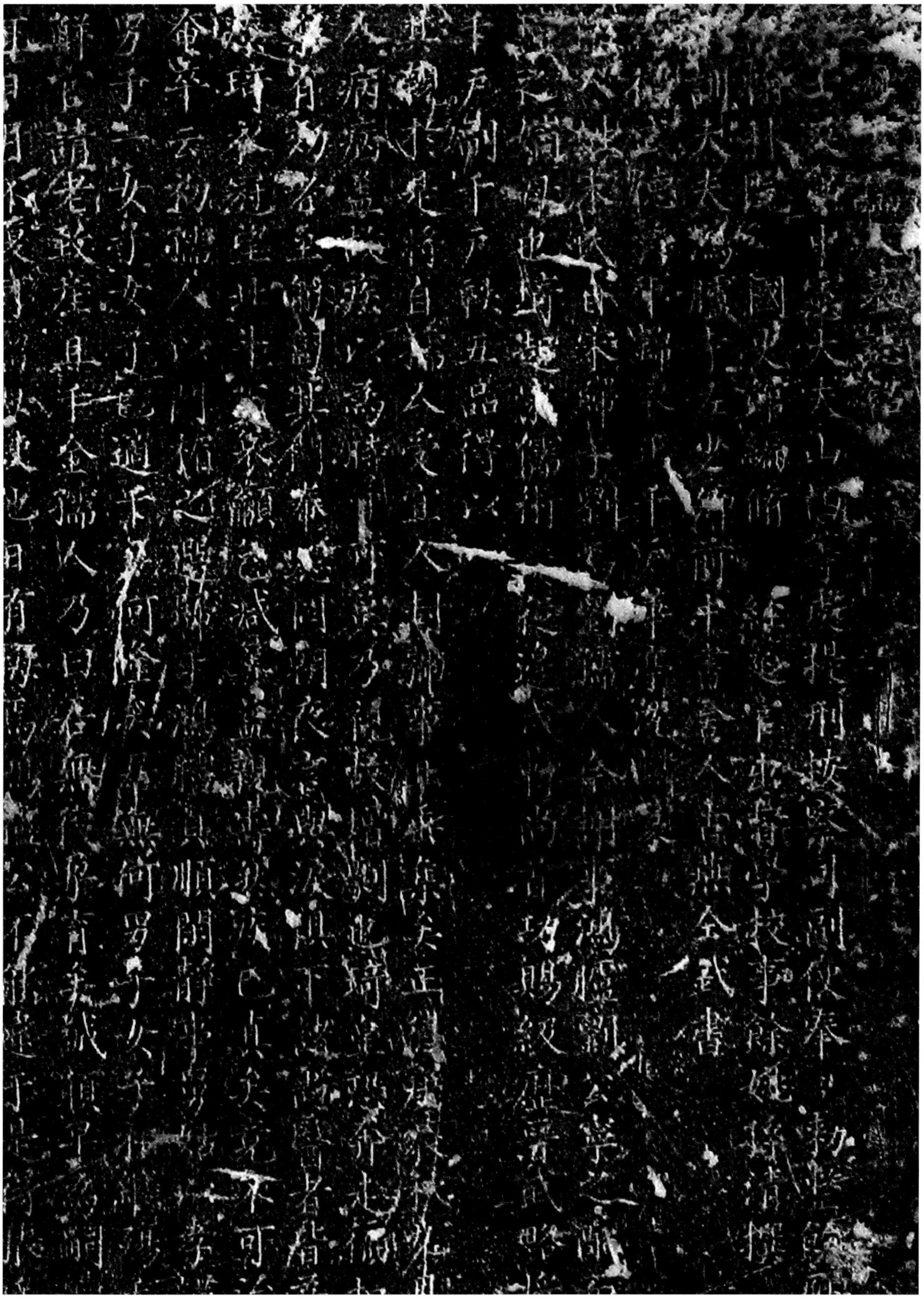

（局部）

明戚畹赠怀远将军锦衣卫指挥同知蒋公（能）暨配封太淑人萧氏合葬墓志铭

明嘉靖丁亥（六年，1527）十一月十日合葬。

志、盖均长六九厘米、宽六九厘米、厚十六厘米。盖文六行，满行五字。篆书。志文三四行，满行四〇字。正书。翟銮撰，刘棨书，徐光祚篆，岳国济作状。盖左下角残缺。

一九四九年后丰台区出土。现藏丰台区长辛店镇连山岗石刻园。

皇明戚畹赠怀远将军锦衣卫指挥同知蒋公暨配封太淑人萧氏合葬墓志铭

赐进士出身嘉义大夫礼部右侍郎兼 乚经筵 日讲官前翰林院学士纂修 国史北海翟

銮撰

资善大夫太常寺卿兼 经筵侍书与修 国史 玉牒长洲刘棨书

奉 乚敕监修 国史知 经筵事前提督神机营总兵官掌中军都督府事兼太子太师定国

公凤阳乚徐光祚篆

赠怀远将军锦衣卫指挥同知蒋公以弘治庚申六月十有二日卒后二十有七年嘉靖丙戌七

月乚十有三日厥配太淑人肖以寿终于正寝嗣子山辈卜以丁亥十一月初二日奉太淑人柩往

从公乚兆都城南下马社之原乃奉其姻大理评事岳君国济所为状来请铭按状公讳能字伯才

先世直乚隶徐州人曾大夫讳明善 乚国初隶尺籍徙家京师后以从征累功拜金吾右卫指挥

使大父讳兴生男子三人长启于公为考次敔次敩赠玉田伯皆于公为叔父敩即 乚今上 乚

圣母章圣皇太后父也公昆弟四人公为伯氏公性长厚慈仁天资乐善即逢善士辄延纳不倦与

客语及平生蹈履绝不为谫薄刻削行服饰才足自奉遇宾友辄为具丰洁虽居隐约即疏戚贫不

能振乚叨囊赈之无难色 乚今上皇帝正位宸极乃推 乚恩舅氏凡公昆弟昆弟子以次受封

而公子山授锦衣卫指挥同知泰正千户乃 乚诰赠公如其官而太淑人因受今封太淑人京师

巨族父鐸顺天府学弟子员母马氏太淑人少归怀乚远公孝敬和顺翁姑咸得其欢心族疏戚数

百指太淑人接纳以恩比老无余言左右怀远公凡所施与及仓卒客不办至脱簪珥相之后贵盛

尝戒诸子曰而知而父若母未贵时乎而今日蒙 乚恩宜慎守典宪无贻而母忧以故诸子性朴

雅刮磨习皆太淑人训诲力也太淑人卒时寿年七十有乚五讣闻 乚上悼念 乚皇太后哀恸

深切遣祭给賵赙皆殊 乚恩云公同胞弟三人曰辕曰轮为敩后封太子太保玉田伯卒子荣嗣

爵曰輻亦卒子寿授锦衣卫指挥乚佥事从弟一人清从子一人昶俱锦衣卫正千户子男二人长

即泰娶蔡氏封宜人次即山娶张氏乚封淑人女二人长适王忠次适刘云孙男三人继羔聘宁阳

侯陈公继祖之女继蒸继焘俱幼孙女乚五人长适戴纶次适锦衣卫千户孙应奎次许聘锦衣卫

指挥佥事陈公寅之子翱余未行铭曰

蒋祉有基金吾蹶兴祢支再传实启 乚圣徵暨于长昆 乚慈皇之伯庆流蜿蟺怀远之泽

远惇惇媲太淑人承休载令攀附 乚翼鳞贵能降骄顺德终始刻文埋幽永式戚里

注：

戚畹：外戚亲贵之人，后党之属。

赠怀远将军：怀远将军，武散官名。明代置，为从三品初授之阶。赠，指朝廷赐给死者以官爵或荣誉称号。

锦衣卫指挥同知：锦衣卫，官署名。明洪武十五年（1382）设置。原掌仪仗护卫等事，其官由于接近皇帝，往往得到信任。令其兼管刑狱，赋予缉查巡捕的权力。长官为指挥使，其下设同知、佥事等。故锦衣卫指挥同知应为锦衣卫的副官长。

兆：坟地，坟界。

曾大父：曾祖父。大父，祖父。

尺籍：指军籍，即军队户口。

今上圣母章圣皇太后：今上，指明世宗朱厚熜。圣母章圣皇太后，姓蒋氏，为世宗生母，兴王朱祐杬之妻，亦称兴国太后，被封“慈孝贞顺仁敬诚一安天诞圣献皇后。”

今上皇帝正位：指明世宗朱厚熜即位登基，时在正德十六年（1521），并改年号曰嘉靖。

皇太后：同上前条注。

遣祭给賵赙：皇帝责派官员致祭，并送葬礼。賵，助葬财物；赙，以财物助丧事。

嗣爵：袭爵，继承爵位。

明戚畹赠怀远将军锦衣指挥同知蒋公（能）暨配封太淑人萧氏合葬墓志铭（盖）

明戚畹赠怀远将军锦衣卫指挥同知蒋公（能）暨配封太淑人萧氏合葬墓志铭

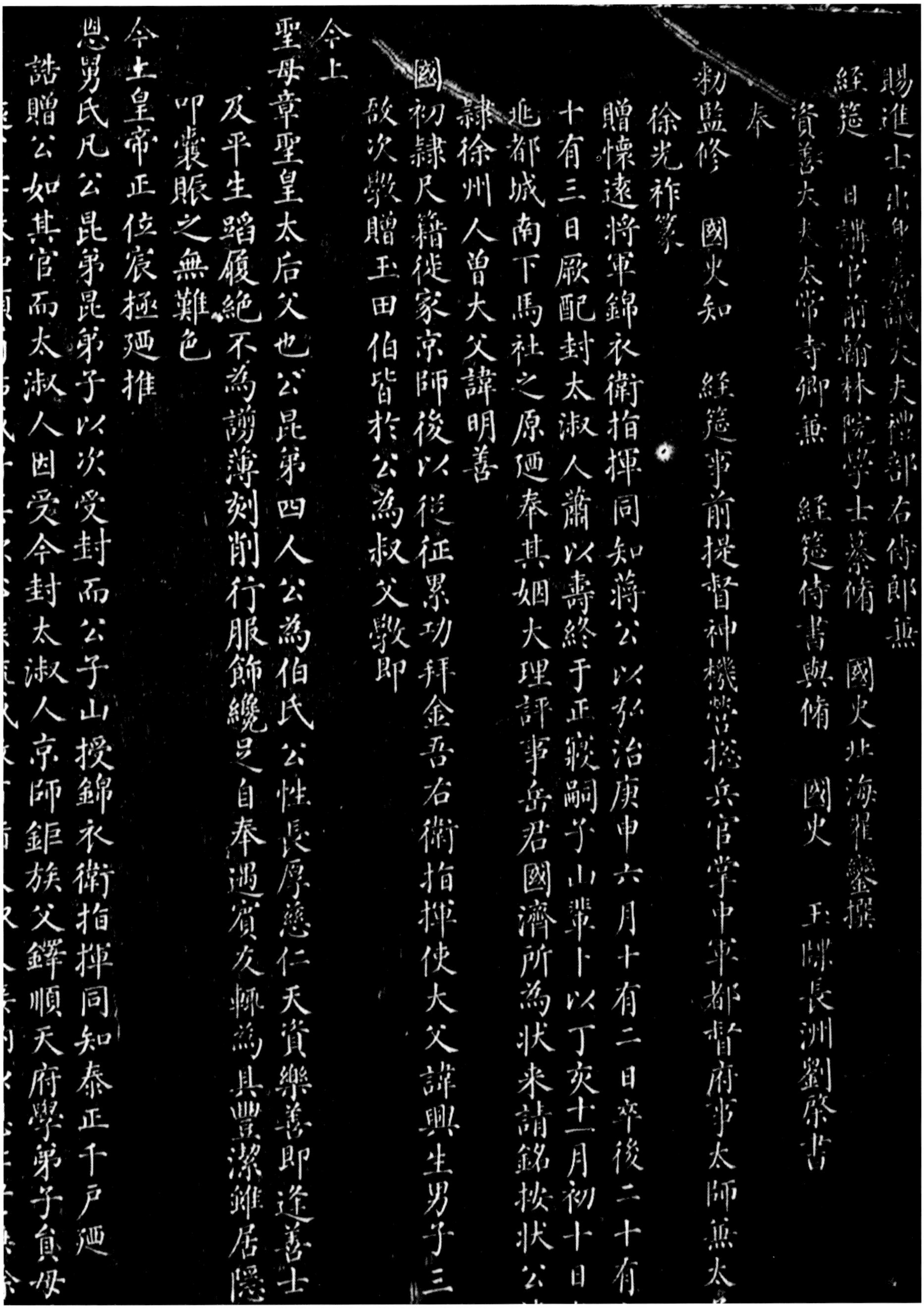
賜進士出身嘉議大夫禮部右侍郎兼
經筵日講官前翰林院學士纂脩 國史北海翟鑾撰
資善大夫太常寺卿兼 經筵侍書與脩 國史 玉牒長洲劉棨書
奉
勑監修 國史知 經筵事前提督神機營揔兵官掌中軍都督府事太師兼太
徐光祚篆
贈懷遠將軍錦衣衛指揮同知蔣公以弘治庚申六月十有二日卒後二十有
十有三日厥配封太淑人蕭以壽終于正寢嗣子山輩卜以丁亥十一月初十日
延都城南下馬社之原廼奉其姻大理評事岳君國濟所為狀來請銘按狀公
隸徐州人曽大父諱明善
國初隸尺籍從家京師後以從征累功拜金吾右衛指揮使大父諱興生男子三
啟次斅贈玉田伯皆於公為叔父斅即
今上
聖母章聖皇太后父也公昆弟四人公為伯氏公性長厚慈仁天資樂善即逢善士
及平生蹈履絕不為謗薄刻削行服飾纔足自奉遇賓友輒為具豐潔雖居隱
叩囊賑之無難色
今上皇帝正位宸極廼推
恩舅氏凡公昆弟昆弟子以次受封而公子山授錦衣衛指揮同知泰正千戶廼
誥贈公如其官而太淑人因受今封太淑人京師鉅族父鐸順天府學弟子貞母
(局部)

皇明诰封恭人张氏墓志铭（底）

明弘治壬子(五年，1492)五月生 嘉靖丙申（十五年，1536）二月卒，同年三月七日葬

志长六八厘米、宽六五厘米、厚十六厘米。志文三一行，满行三七字。正书。张云撰，周期雍书，陈鏸篆，高佥宪作状。志左上角残缺。

一九四九年后丰台区出土。现藏丰台区长辛店镇连山岗石刻园。

皇明诰封恭人张氏墓志铭
赐同进士出身正议大夫资治尹户部左侍郎前吏科都给事中信阳张云撰
赐进士嘉议大夫侍 乚经筵大理寺卿前奉 乚敕巡抚顺天等府地方都察院都御
史分宁周期雍书
前军都督府掌府事奉 乚敕提督三千营兼提督十二团营诸军事前奉 乚敕镇守
蓟州永平山海关等处地方总兵官特进荣禄大夫柱国太子太保遂安西蜀陈鏸篆
嘉靖丙申二月二十一日故锦衣卫指挥佥事秋泉石公宝之配本卫南镇抚司掌印指挥乚
佥事张君镗之姊 乚诰封恭人张氏卒也越旬余张君持陕西致仕高佥宪所述行实诣余
铭余辞不获已遂按状乚溯恭人之先乃顺天府玉河县人厥考瑛任大宁前卫千夫长弘治
辛亥改 乚兴府仪卫司副母章氏皆以子贵进封如其官淑德雅望特沐 乚殊恩诚千载
之奇逢也恭人自幼温闲庄静甫长笃志女工尤以严慎自持不出闺阁虽家众乚之童年者
亦少得以识其面及笄归秋泉舅姑在堂入门孝敬饮食必洁之服必备凡应命乚承唯 辞
气愈婉务得其心以至睦族处众荐享问答之举亦靡不各尽其道正德辛巳秋乚泉自 乚
兴府仪卫司副从 乚龙至京特陞前职寻推掌印官居近侍而恭人恒不为乐恳切劝喻惟
欲秋泉夙夜勤劳以修厥乚职使外无负于 乚君内无忝于亲也至于亲贤友善以资裨益
虽秋泉天性之良亦恭人有以相之也平居尝曰君乚乏职位荣显矣家业昌大矣而我之靡
置于怀者愿多男子耳每为选其贤淑以昌厥后而乚有樛木螽斯之风此实人之难能而恭
人有之诚可称矣辛卯春秋泉不禄恭人综理家政乚备殚劳瘁视昔愈甚及抚诸孤不异己
出但恐不能成立以坠先志为虑恭人生长宦家而乚惟勤惟俭不事侈靡且谦卑自牧亦不
以贵骄人其德之贤如此正宜享寿以延天年胡乃乚不五旬而卒也深可悲夫深可惜夫恭
人男三长曰钟早卒次曰麒袭父前职次曰麟尚幼乚女一适济阳卫指挥使高勋钟与女皆
出自恭人麒与麟俱副室生也恭人生于弘治壬子乚五月二十四日及其卒之年仅得寿
四十有五后秋泉五年也卜是年三月初七日扶柩出乚□□□东皋村之原启秋泉之窆
而合葬焉遂为之铭以垂永久也铭曰
□□□□□□□□□于石维德之行追风樛木继美鸡鸣荣膺⧄犹生东皋之麓垂
光弗颂

注：

赐同进士出身：明清科举制度规定，省试（乡试）之集中于京师会试，会试之后再行殿试，以定甲第。一甲三名，进士及第；二甲若干名，进士出身；三甲若干名，赐同进出身。

正议大夫：文散官名。明代为正三品加授之阶。

资治尹：勋官名。明置，为文勋第七阶，秩正四品。

赐进士：明清科举制度，即经过殿试之后二甲得中者。

嘉议大夫：文散官名。金代始置，明代规定为正三品授之阶。

行实：实录，生平。

千夫长：武官名。西周初设置，统士兵一千人。但此应为复古称法，实即指“千户”。明代卫所兵制在卫之下千户所，以千户为长官，驻于重要府州，统兵一千一百二人，分为十个百户所，统隶于卫。

从龙至京：跟随朱厚熜从兴王府来京即帝位。

樛木螽斯之风：樛木，向下弯曲的树木。《诗经·周南》有“樛木”篇。螽斯，虫名，亦为蝗虫类的总称。《诗经·周南》有“螽斯”篇。“樛木螽斯之风”，有家道兴旺、子孙众多之意。

皇明诰封恭人张氏墓志铭

明故直庵处士王公（孝）配董氏合葬墓志铭

明嘉靖二十六年丁未，（1547）闰九月二十五日合葬

志、盖均长六三厘米、宽六一.五厘米、厚十二厘米。盖文四行，满行四字。篆书。志文二八行，满行三四字。正书。李钦昊撰，王锐篆，陈善书，张子云村作状。志上边略有残缺。盖上边略有残缺。

一九八五年七月三十日丰台区南苑木樨园农贸市场出土。现藏丰台区长辛店镇连山岗石刻园。

明故直庵处士王公配董氏合葬墓志铭

赐进士第朝列大夫陕西布政使司右参议东安李钦昊撰

赐进士第奉直大夫前南京户部河南司郎中平谷王锐篆

赐进士第　㇗钦差提督京城内外巡捕参将署都指挥佥事淮海陈善书

都城南予门人有正子居仁其母卒悲恸匍匐踵门而持其同门生张子云村之述㇗之行也泣下而言曰为居仁友者即为母也我为居仁师也者请为母也铭子四㇗然亲丧故所自尽也按其状公讳孝字宗本别号直庵世家河东之河津高祖愍永㇗乐时为南京礼科给事中多建白鲠鲠生曾祖岩岩生祖林俱隐德不仕林生父聪㇗母杨氏生叔父兴母龙氏兴无子以成化年膺役于京师父悯之遣公为之后公自㇗幼天性夙成不与群儿戏长益谨饬所后父性寡合人鲜得其欢心母龙亦严重公㇗于时左右就养先意承志无不称惬竭力干蛊不惮劳瘁壮岁往来太行河济秦陇㇗间经营坐业居无宁岁即久而家裕如也平生不喜华美绮丽之物宛尔有此古风㇗推欣然训子惇诗书崇尚礼义恩溥亲党赈贷贫乏无所于吝配董氏能事舅姑孝㇗勤不怠与公相敬如宾公贸游四方母继理家政肃肃不乱犹公之居于家也以故㇗公无内顾忧尤善睦邻精女红中馈至于式穀训孙儿辈此意谆谆至死而不衰其㇗最重者公之夫妇独于父母所后父母生事葬祭无不曲为之处而各得其宜未可㇗谓难也已矣子一即居仁娶靳氏居仁之少也公命业儒以缵先绪学成有声公以㇗年倦勤命理家务未几而锦衣选补领案牍事骎骎向往仕进未艾也孙男四长曰㇗度习举子业聘锦衣户侯文君范女次曰庭聘锦衣戴君经女三曰荫四曰序尚幼㇗孙女三长许府学生顾君缙子登龙既而卒余亦幼公生于成化六年十二月二十㇗六日卒于嘉靖十六年五月十二日享年六十有七母生于成化十六年五月二十㇗三日卒于嘉靖二十六年闰九月初五日享年亦六十有七公先母卒十年矣至是㇗居仁将以是月二十五日合葬于□村先茔之次予曰张子云村乃有道之士其言㇗固不诬矧予于居仁有师生文字之惟知公事亦甚悉曷能已予言邪曷能已予言㇗邪遂系之以铭铭曰

呜呼王公克难于外呜呼公配克协呜呼休哉一德罔愧惠迪之吉匪直用裕㇗□以昭

前下昌厥裔以穀以贵以引勿替呜呼同封其克宁永永惟无斁

注：

处士：指未仕或不仕的士人。

朝列大夫：文散官名。金代始置，明制以为从四品初授之阶。

奉直大夫：文散官名。宋代始置，明制以为从五品升授之阶。

先意承志：事先揣清老人的意图，提前把事情办好。

未艾：未完。艾，尽，停止。

明故直庵处士王公（孝）配董氏合葬墓志铭（盖）

明故直菴處士王公配董氏合葬墓誌銘
賜進士第朝列大夫陝西布政使司右參議東安李欽昊撰
賜進士第奉直大夫前南京戶部河南司郎中平谷王銳篆
賜武進士第
欽差提督京城內外巡捕參將署都指揮僉事淮海陳善書
都城南予門人有王子居仁其母卒悲慟匍匐踵門而持其同門生張子雲村之述
之狀也泣下而言曰為居仁友也者既為母也狀為居仁師也者請為母也銘予曰
然親喪固所自盡也按其狀公諱孝字宗本別號直菴世家河東之河津高祖懿永
樂時為南京禮科給事中多建白鯁鯁生曾祖岩岩生祖林俱隱德不仕林生父聰
母楊氏生材父與母龍氏與無子以成化年僑後于京師父憫之遺公為之後公自
幼天性夙成不與羣兒戲長益謹飭所後父性寡合人鮮得其懽心母龍亦嚴重公
于時左右就養先意承志無不稱愜竭力幹蠱不憚勞瘁壯歲往來太行河濟秦隴
間經營生業居無寧歲既久而家裕如也平生不喜華美綺靡之物宛爾有太古風
惟欣然訓子惇詩書崇尚禮義恩溥親黨賑貧貸乏無所于吝配董氏能事舅姑孝
勤不怠與公相敬如賓公貿遷四方母綜理家政肅肅不亂猶公之居于家也以故
公無內顧憂尤善睦鄰精女紅中饋至於式穀訓孫兒輩此意諄諄至死而不衰其
長厚者公之夫婦獨于父母所後父母生事葬祭無不曲為之處而各得其宜嘉可
謂難也已矣予一即居仁娶靳氏居仁之少也公命業儒以纘先緒學成有聲公以
年倦勤命理家務未幾而錦衣選補領案牘事駸駸向仕仕進未艾也孫男四長曰
度習舉子業聘錦衣戶侯文君勳女次曰庭聘錦衣戴君經女三曰應四曰序尚幼
孫女三長許府學生顧君縉子登龍既而卒餘亦幼公生于成化六年十二月二十
六日卒于嘉靖十六年五月十二日享年六十有七母生于成化十六年五月二十
三日卒于嘉靖二十六年閏九月初五日享年亦六十有七公先母卒十年矣至是
居仁將以是月二十五日合葬于鄧村先塋之次予曰張子雲村迺有道之士其言
固不誣矣予于居仁有師生文字之雅知公事亦甚悉曷能已于言邪曷能已于言
邪遂系之以銘銘曰
嗚呼王公克艱于外嗚呼公配克協于內嗚呼休哉一德罔愧惠迪之吉匪直用孫
以貽前下昌厥裔以穀以貴以引勿替嗚呼同封其克寧永永惟無斁

明故直庵处士王公（孝）配董氏合葬墓志铭

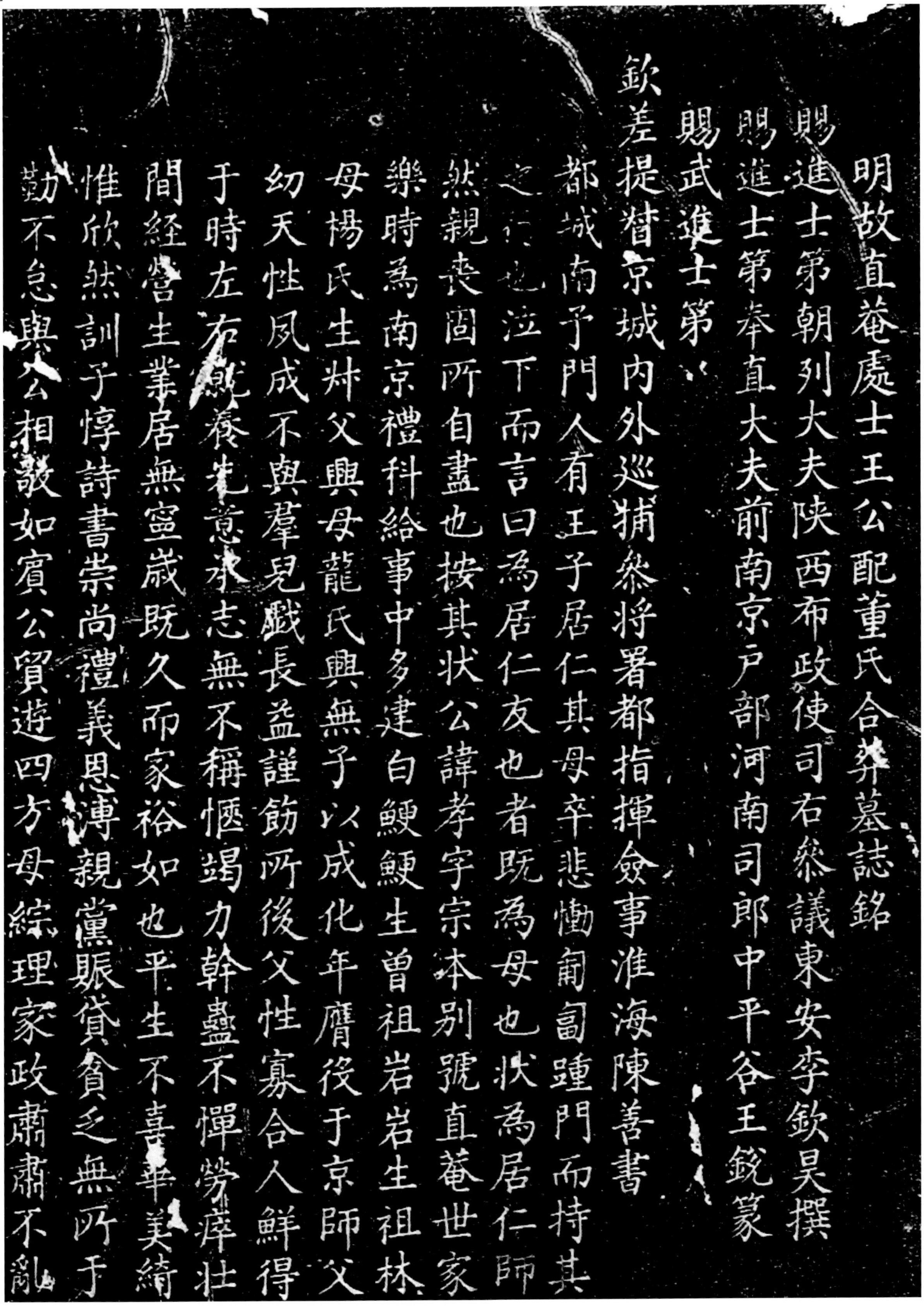
明故直菴處士王公配董氏合葬墓誌銘
賜進士第朝列大夫陝西布政使司右參議東安李欽昊撰
賜進士第奉直大夫前南京戶部河南司郎中平谷王銳篆
賜武進士第
欽差提督京城内外巡捕參將署都指揮僉事淮海陳善書
都城南予門人有王子居仁其母卒悲慟匍匐踵門而持其
之行也泣下而言曰為居仁友也者既為母也狀為居仁師
然親喪罔所自盡也按其狀公諱孝字宗本別號直菴世家
樂時為南京禮科給事中多建白鯁鯁生曾祖岩岩生祖林
母楊氏生炦父興母龍氏興無子以成化年膺役于京師父
幼天性夙成不與羣兒戲長益謹飭所後父性寡合人鮮得
于時左右就養先意承志無不稱愜竭力幹蠱不憚勞瘁壯
間經營生業居無寧歲既久而家裕如也平生不喜華美綺
惟欣然訓子惇詩書崇尚禮義恩溥親黨賑貧乏無所于
勤不怠與公相敬如賓公貿遷四方母綜理家政肅肅不亂

（局部）

明故武略将军龙骧卫副千户徐公（瓒）暨配宜人杜氏墓志铭（底）

明嘉靖戊申，（二十七年，1548）十月八日合葬。

志长六二厘米、宽六一.五厘米。志文三三行，满行四二字。正书。张文宪撰，杨行中书，杜承宗篆，杜少崖作状。左上角及上边、右下角及下边均有残缺。盖佚。

一九四九年后丰台区出土。现藏丰台区长辛店镇连山岗石刻园。

十五日得年六十六有六宜人生于成化丙午十一月初三日卒于正德乙∟亥正月二十六日
得年三十有三子男四长尚仁娶丁氏早卒次尚义娶卢氏继娶张氏次尚礼顺天府∟府学生
娶沈氏俱宜人出次尚信娶张氏继配放氏出也女四长出宜人先卒次适张□次适高定次适
∟吴铠俱方出孙男五长淮领世荫娶□氏继娶袁氏次渊次澜余尚幼孙女一亦幼尚义等以
公卒之年∟十月初八日奉柩归葬于宣武关玉匠局祖茔之次间持乃舅氏国学生杜子少崖
所著状涕泣请予请∟铭予昔与君为同门友未可辞也乃叙而铭之铭曰
畀才孔富未究施设明显清时武中之特确持廉正立范垂模增光世阀取重乡闾爰有渊
配善主中馈∟德备坤柔贤称助内良哉伉俪表国宜家振振于姓衍庆无涯郁彼佳城永
妥厥灵我铭载勒千古遗馨

注：

武略将军：古代武官名称。为明代从五品初授之阶。

嘉议大夫：文散官名。明制以为正三品初授之阶。

高皇：参见后两条注。

游武庠：武庠，即武学，此指进武学学习。

试武科弗售：武科，科举时代选士分文、武两科进行。明成化十四年（1478），始设武科乡、会试。武举六年一次，后改三年一次。此句指考武举不第。

白眉：兄弟中最优秀者为白眉。三国蜀汉马良，字季常，兄弟五人中皆用“常”为字，并有才名。马良眉上有白毛，才学尤为出众。

寿进逾耋：年过八旬。逾，超过；耋，八十岁。

耕读干蠱：指半耕半读，同时在家主事。干蠱，最初指能矫正父母之过而处事有才干，也泛指主家事、国事。

明故武略将军龙骧卫副千户徐公暨配宜人杜氏墓志铭
赐进士出身通议大夫通政使司通政使加二品俸直　文渊阁侍　乚经筵同修　国史
玉牒嘉禾张文宪撰
赐进士第嘉议大夫都察院左副都御史前奉　乚敕提督南京操江兼管巡江北通杨行
中书
明威将军锦衣卫管卫事指挥佥事前充整顿　乚卤簿兼防护　属车使庚辰武举山阳
杜承宗篆
公讳瓒字国用姓徐氏南泉其别号也世为扬州府江都县人高祖兴乚高皇帝四方征讨屡立
战功累　官龙骧卫副千户曾祖让真父达号鉴斋皆世其官母刘氏生公昆季凡二公乚其伯
也公赋质通敏少业儒未就遂游武庠谙韬略精骑射屡试武科弗售从都督昌公赞戎务于边
公乚熟练事体深为昌所倚重居数载竟未立戎功自知扼于命也会鉴斋翁投老乃承袭祖职
视篆掌所事乚夫以公抱大方略顾诎小用众咸惜之公处之裕如也其于职□□为罔弗悉心
干济凡巡守禁垣勾乚稽军士出纳钱谷运转公移公莅以慎勤事罔弗集同侪亟加推逊乃至
事务难于处分者众方持议未乚决公一言而定自是声华腾播然局于官阶无繇登进唯博上
官嘉奖而已公持守素定执法奉公居官乚三十余年未尝纵私剥下以故军士戴若父母一时
以廉干称者无踰于公盖诸卫白眉云公天性孝友乚事亲克备甘旨痛母氏背弃侍奉鉴齐翁
时定省裕温饱昕夕遑遑焉靡懈翁获安享寿进逾耋实公纯乚孝所至翁爱少子瑾公顺承翁
意翼以成立抚育诸侄不问己所生人以为难官俸凉薄乃力田自给□乚嗣即长教以耕读干
蛊各精乃事用事家务振举罔有咸坠者与人交和易平坦言虽历而心则慈能□乚患周急于
凡亲友宴会谈笑樽俎榷古扬今满座咸倾听时复善谑而不为雪其襟度豁如也公夙无□乚
今年夏偶患脾病遂至不起呜呼伤哉元配宜人杜氏赠明威将军锦衣指挥松轩翁之女今锦
衣管□乚事指挥佥事宾鹿君之姊也性沉静寡言笑母吴太恭人极加钟爱年甫笈归南泉善
承事舅姑每得欢乚心姑遘风疾宜人躬进汤药扶持起卧积久益弗怠姑有女三凡婚嫁之仪
宜人悉经理之务各从厚平乚居喜澹素厌纷毕见亲党以服饰相高者辄耻之曰乌用是为哉
南泉即从事于外宜人整饬家政井井乚有绪不使贻南泉内顾忧其诲诸子惓惓以振业亢宗
为训处妯娌乚和而敬御藏获严而慈仁被宗姻功乚宣再世宜人其女士矣乎惜其中道遽殂
弗获偕老遂使闺阃失乃仪刑也南泉公生于成化癸卯四月乚二十六日卒于嘉靖戊申九月

明故武略将军龙骧卫副千户徐公（瓒）暨配宜人杜氏墓志铭

勅授□□南京□□□江縣管□江北通揚行中書□
國朝無□誠□□軍卓使庚辰武舉山陽杜承宗篆
高皇四方征討嚴立戰功累□□□□□□□□□
公諱璋字國用姓徐氏南象其別號也世為揚州府江都縣人高祖興□
其伯也公賦貟進敏少兼□末就遂游武庠譜貟精騎射屢試武科報售□曾祖讓祖鎮父連號鑑齋皆世其□
□熟練事體為昌所倚重居救載竟未立戎功自知扼於命也會鑑齋翁救□
夫以公抱大方器頡詘於小用眾咸惜之公處之裕如也其於職□
稽軍士出納錢穀通轉公移公淬以慎勤事闒弗集同儕亞加推遜□至
以十餘年末嘗縱孫剝下以故軍士戴若父母一時以廉幹稱者無□
北公一言而定自是藝華騰播然局於官階無緣登進唯博上官舊□而已
事親克備甘旨痛安氏省裕溫飽斯夕追逮為虀臼
孝所致翁愛少子謹公順承翁意冀以成立撫育諸姪不間已所生人以為
嗣既長教以耕讀乃事用是家務振舉間有感墜者與人交和易
患周急于凡親友藥餌會談笑樽俎擁古揚今滿座咸傾聽時彼善謔而不為
倖年夏偶患脾病遝至不起嗚呼傷哉元配宜人杜氏贈明威將□

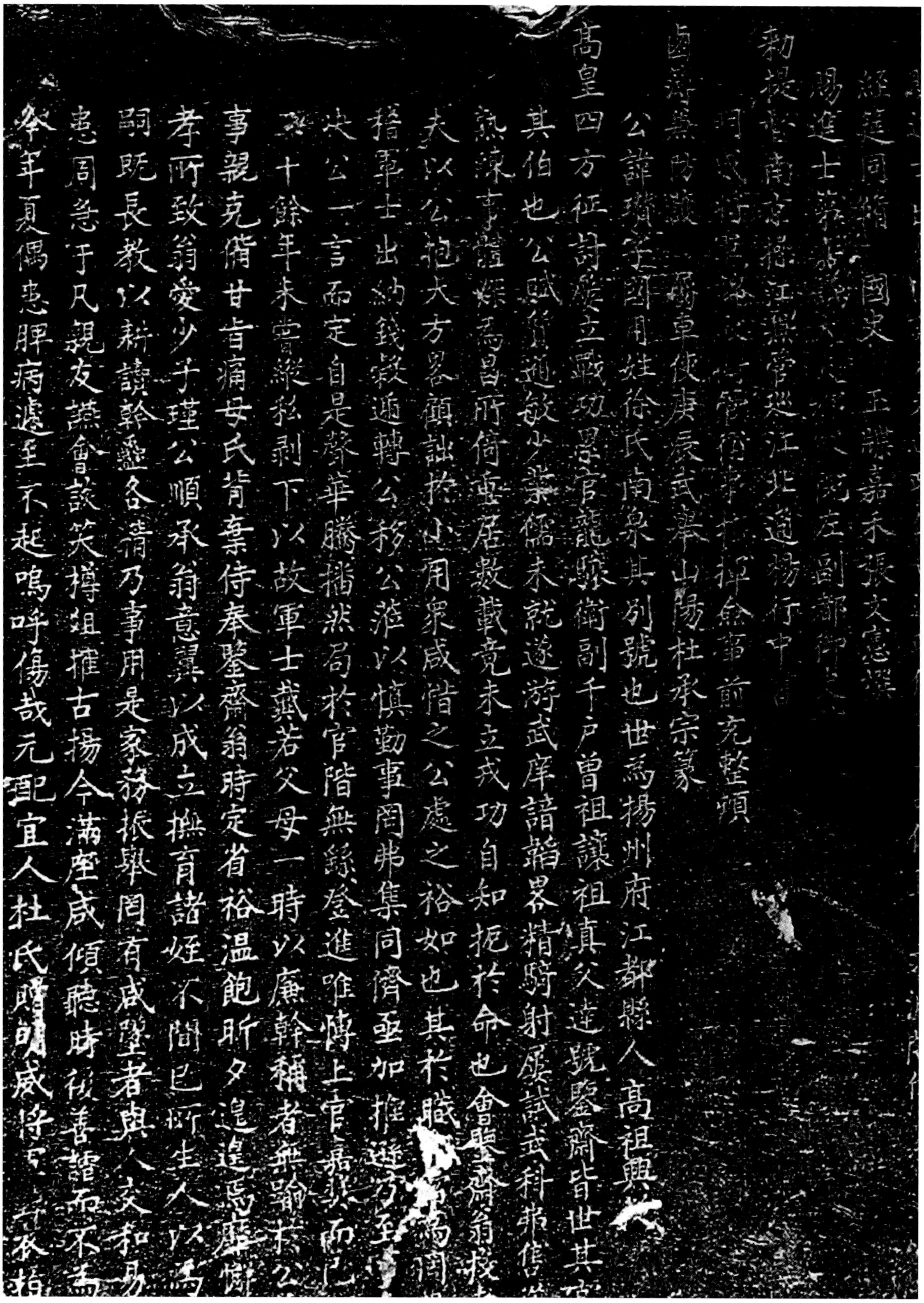

（局部）

大明戚畹明威将军锦衣指挥佥事南山马公（循）墓志铭（底）

明弘治戊申（元年，1448）二月生，嘉靖庚戌，（二十九年，1550）四月卒，同年闰六月十一日葬

志长六九厘米、宽六九厘米、厚一〇厘米。志文三四行，满行四〇字。正书。李本撰，窦一桂书，邢一凤篆，崇信伯见峰宝公作状。盖佚。

一九四九年后丰台区出土。现藏丰台区长辛店镇连山岗石刻园。

室之戚∟玉树之芳显荣世冠∟宠命煌煌粤考厥德孝友夙成谦虚律己恭俭驰名
维维家范绳绳子姓不危不溢介然履正年跻指使∟庶几耆□□□□庶几有后生荣
死哀九京含笑于万斯年太平之兆

注：

明威将军：武散官名。隋置，明置为正四品初授之阶。

中顺大夫：文散官名。金代始置，明制中顺大夫为正四品初授之阶。

中宪大夫：文散官名。金代始置，明制中宪大夫为正四品升授之阶。

宜兴大长公主：明英宗朱祁镇第六女，封为宜兴大长公主，德妃魏氏所生。

英庙：即明英宗朱祁镇（1427--1464）。死后庙号英宗。

不立溪町：不人为设置障碍，不生隔阂。溪，山间小河沟；町，田界，田间小道。

昊天不慭：哀闵之辞，犹如说老天不留，苍天不悯。语出《尚书》。

郡庠生：明清时期，称府、州、县学的生员为庠生。郡，古代行政区划，大于县。故郡庠生应为府学生员。

原礼也：按照古代礼数。

大明戚畹明威将军锦衣指挥佥事南山马公墓志铭
赐进士中顺大夫詹事府少詹事兼翰林院学士知　乚制诰　国史会典总裁前两京国
子监祭酒余姚李本撰
赐进士及第中宪大夫顺天府府承前光禄寺少卿武乡窦一桂书
赐进士及第翰林院侍讲　国史编修官同修　大明会典浚仪邢一凤篆
公讳循字文理南山其别号也世为河南祥符钜族高祖马三公徙居河间沧州之南皮遂籍焉
曾乚祖得林潜德弗官祖联先确山广昌两县尹后荷　乚恩命擢大理寺副父诚成化癸巳拜
驸马都尉母　乚宜兴大长公主　乚英庙第六女也兄弟五人南山行三公生于显第出自贵
戚气质魁梧体貌严整不习纨绮有雅量儿戏乚时既不群弱冠好尚莹洁自处方正都尉公筵
塾席使从学马公受书辄通大义众皆异之时　乚公主母益钟爱欲爵公乃于弘治壬戌冬乞
乚恩授锦衣中所户侯自公领职每耻旷宫常揭忠义事绩于座右以示有所观效遇朔望沐浴
叩　乚天以自警曰有禄于朝而一无所补非敬也其如出位何哉及公兄良疾革公则协众尽
心厚葬以礼遂乚于嘉靖甲申冬请袭遗职荷蒙　乚宠命仍授锦衣挥使其隆眷显被若此人
皆荣之公独以弗克专职已能为很嘉靖乙亥春值　乚圣驾南幸敕勳戚留守京师　乚命公
守备西安门盖重任也公则严肃军务朝暮防御恐托付未效以辜委任公生之才素歉于施至
此少乚展其蕴遂为同辈所推嘉靖丙申公弟澜殁公则友痛过情丧具一任其劳且抚育子姓
外内无间乚言又明年重建　乚宜兴母及都尉公享堂独捐己资祭则致慤致敬晚与缙绅交
皆喜其无纠縻之习多辱诗赠至于处众竭尽底里不立溪町遇窘乏必赈贷之暇则率子姓坐
论今古扬确史籍事关忠孝辄自手书以乚示训居常颐葆倘佯宜享修龄昊天不憖偶疾不起
乃嘉靖庚戌四月二十一日也距其生弘治戊乚申二月七日得年六十有三公之妻费氏为婴
配兄弟五人长兄良锦衣指挥佥事次兄淳以恩荣乚赠弟澜锦衣指挥佥事弟泽锦衣中所百
户侄男八人澜出者应荣即今应袭应寰锦衣中所百户乚应寀尚幼泽出者应乾由恩生任浙
江布政司都事应坤补顺天郡庠生应鼎应震应巽俱幼侄女乚一人适千户蔺耀谨以卒之年
闰□□十有一日葬于西山太平岭盖祔祖原礼也据侄应荣奉其乚姻亲崇信伯见峰宝公状
来丐铭□戏南山可无铭乎哉君子生斯世也贵获永终之庆若南山之德之位并为世重殁而
弗扬公休仁者不绥也铭曰
彼沧毓秀人杰地灵殊材□出麟凤相承光昭厥先裕垂乃胄南山公生天笃其厚　乚帝

大明戚畹明威将军锦衣指挥佥事南山马公（循）墓志铭

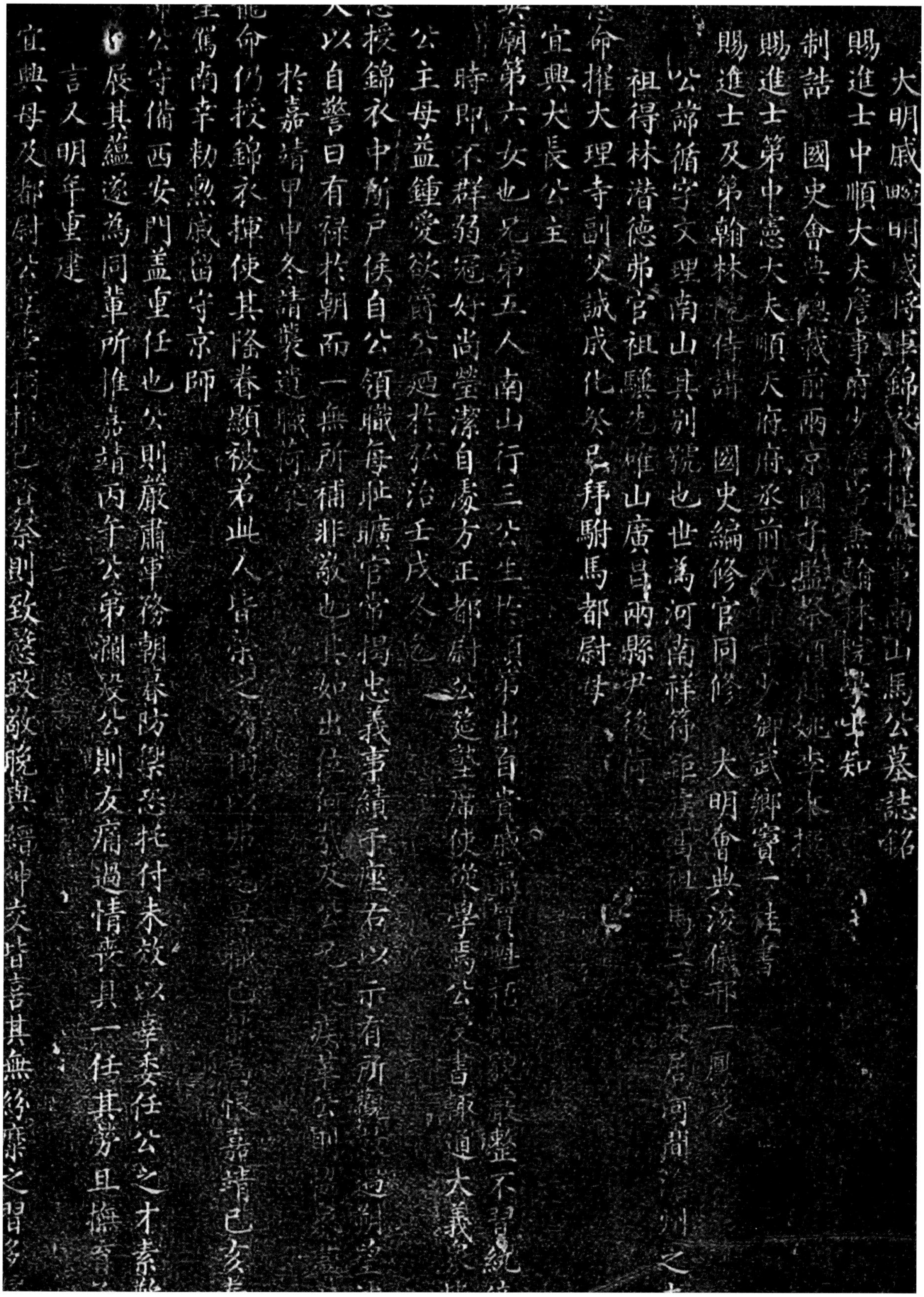

大明戚畹明威將軍錦衣[illegible]南山馬公墓誌銘
賜進士中順大夫詹事府少詹事兼翰林院學士知
制誥 國史會典總裁前兩京國子監祭酒[illegible]姚李本撰
賜進士第中憲大夫順天府府丞前光祿寺少卿武鄉賓一[illegible]書
賜進士及第翰林院侍講 國史編修官同修 大明會典汝儀邢一鳳篆
公諱循字文理南山其別號也世為河南祥符[illegible]
祖得林潛德弗官祖驥[illegible]山廣昌兩縣尹後[illegible]
恩命擢大理寺副父誠成化癸巳拜駙馬都尉尚
宜興大長公主
英廟第六女也兄弟五人南山行三公生[illegible]出自貴戚[illegible]不習紈綺
時即不群弱冠好尚瑩潔自處方正都尉公延塾師使從學焉公文書亦通大義[illegible]
公主母益鍾愛欲爵公迺於弘治壬戌久[illegible]
恩授錦衣中所戶侯自公領職每恥曠官常揭忠義事績于座右以示有所[illegible]
[illegible]以自警曰有祿於朝而一無所補非敬也其知出[illegible]
於嘉靖甲申冬請襲遺職荷[illegible]嘉靖己亥[illegible]
寵命仍授錦衣揮使其陰眷顯被若此人皆榮之[illegible]
聖駕南幸勅戚留守京師
命公守備西安門蓋重任也公則嚴肅軍務朝夕防禦恐托付未效以辜委任公之才素[illegible]
展其蘊遂為同輩所推嘉靖丙午公弟瀾歿公則友篤過情喪具一任其勞且撫育[illegible]
言人明年重建
宜興母及都尉公[illegible]則致慈致敬晚與縉紳交皆喜其無紛華之習多[illegible]

（局部）

（石氏墓志铭）（底）

明正德丙子（十一年，1516）生，嘉靖乙卯（三十四年，1555）十月初四日卒，同年十月初九日葬。

志长六四.五厘米、宽六一.五厘米、厚十一厘米。志文二二行，满行二九字。正书。▨宪撰，吴祖乾书，吴继爵篆，陈鹦作状。志右上角残缺。

一九四九年后丰台区出土。现藏丰台区长辛店镇连山岗石刻园。

▨工部右侍郎加二品级俸值▨
▨宪撰乚
▨侍/乚
▨寺太常寺卿仁和吴祖乾书乚
▨府署掌府事恭顺侯西凉吴继爵篆
▨君穆厥配孺人石氏嘉靖乙卯十月初四日以疾卒正寝择十一乚□初九日营葬于都城南
魏村社祖茔之次间持其友乡进士陈君鹦所著乚状诣予请铭予与孺人之翁监察御史石君
瓘有同年之雅义不可辞按状乚孺人生而颖异性嗜诗书于小学女训诸集悉通大义自女工
外留心书筭乚笔札之间仿佛古拙贞静婉娩不轻言笑父母极钟爱之初光禄先翁一齐乚与
石君少同笔砚闻孺人之贤遂委禽焉比归恪执妇道善事舅姑敦睦亲乚族克相夫子俾力学
振业会姑太孺人张氏婴疾孺人躬侍汤药必先尝而乚后进之朝夕吁天愿以身代比不禄悲
哀忘食者数日凡丧葬之仪赞襄如乚礼以至祀先燕客必致丰腆其自奉俭薄不喜荤肴亲识
有贫乏及婚丧不乚能举者注意赒恤之居常尊卑有礼内外严肃下逮臧获亦从仁厚喜怒不
乚形未常言人之过善综理家政光禄君得以一意奉公而无内顾忧者孺人乚佐助之力惟多
每训其子衮曰凡为人者莫善于成名显亲莫恶于自废自乚弃果能务学则远大可企尔其勉
之於戏夷考孺人姆仪妇德彰彰若是可乚谓效法女师作范闺闱者矣噫贤矣哉距其生在正
德丙子二月十有七日乚春秋仅四十子一衮业儒女一尚幼系之铭曰
孝敬勤俭坤德胥备克闲有家久矣女士胡厚其禀而啬其年嗟哉彼苍孰求其端勤铭玄
室庸示无极

注：

正寝：原本指古代天子诸侯常居治事之所。后用来特指年老正常死于家中。

营葬：筹办丧葬之事。

小学女训：小学，古时本指传统语言学，即训诂学、文字学与音韵学。女训，指古代知识妇女必读的一些劝善、女德、女纪类的书籍，如《女则》、《女诫》等。

委禽：下聘礼。委，致送之意；禽，此指雁，古时订婚用的礼物。后遂以委禽指定婚。

不禄：死的讳称。不能终享其禄之意。

臧获：古代对仆隶们的贱称。男奴叫臧，女婢曰获。

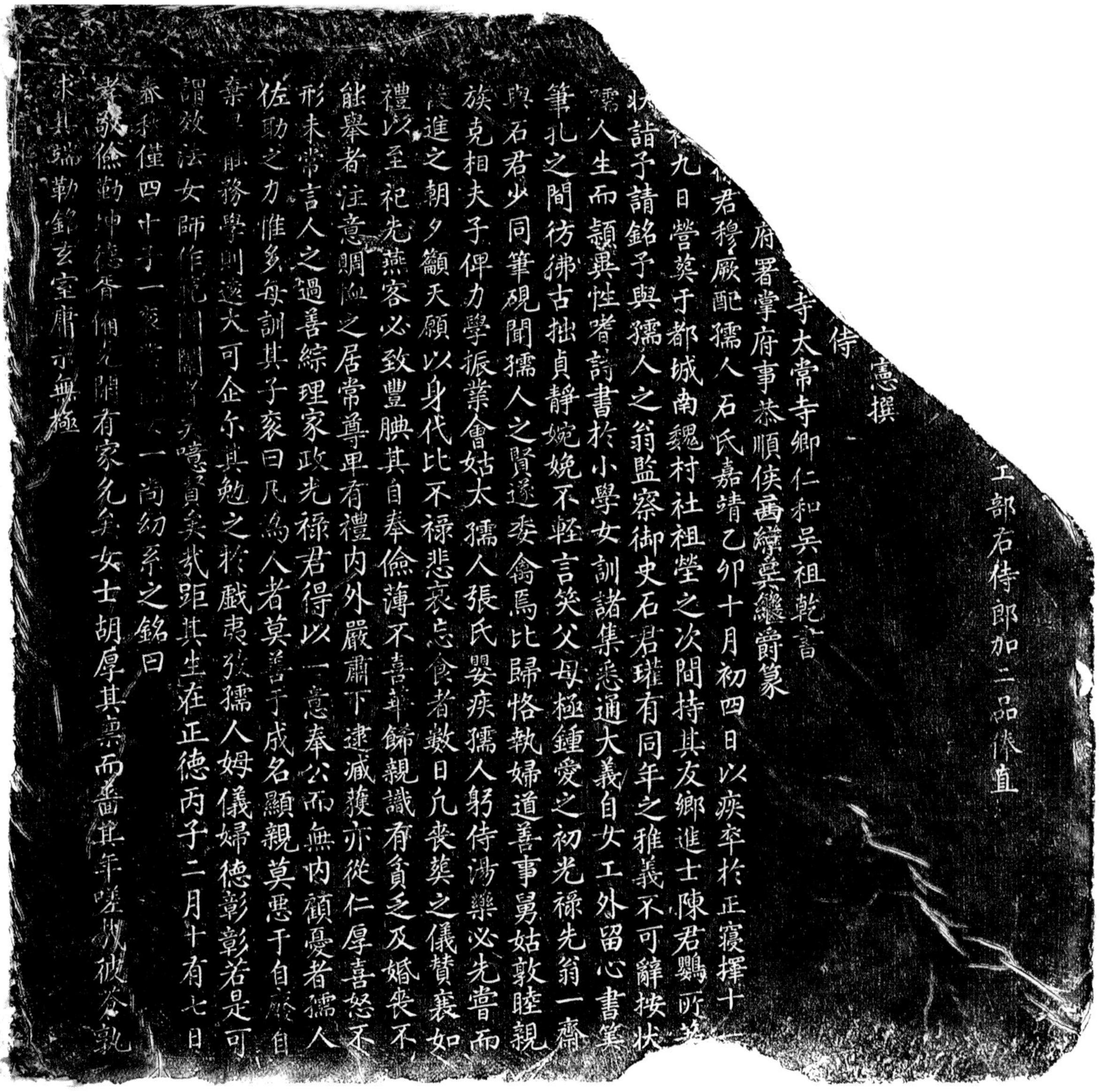

石氏墓志铭

明武略将军锦衣卫副千户晴湖毕（清）先生墓志铭

嘉靖四年（1561）闰五月一日

志、盖均长六八.五厘米、宽六九厘米。盖文五行，满行四字。篆书。志文三六行，满行三八字。正书。郑茂撰，杨柏书，史宫篆，于公作状。志文漫漶。志右上角残缺。盖断为二块，右下边残缺。

一九四九年后丰台区出土。现藏丰台区长辛店镇连山岗石刻园。

☒湖毕先生墓志铭
☒莆田壶阳郑茂撰
☒商丘古岩杨栢书
☒察御史□城前川史宫篆
☒抚光祖匍匐诣余请铭且曰此先生治命也余雅识先生而光☒乚不容辞乃按□□印后于公所为状而为之
志曰先生讳清字宗乚☒昆山人也始祖不花　☒再传曰成者始以□运功陞豹韬卫副千户□生旺旺生咏旺
始调乚☒功官至指挥同知掌卫事兼督营务咏□前职□为先生之高祖曾祖咏乚☒千户先生则纲之子也妣
张氏以正德庚辰十月十有六日生先生于□乚☒举子业每欲自奋树以阶显融至嘉靖庚子厥□□背乃□□
祖荫父为乚☒千户硕其心未尝昕夕忘也时先生年甫弱冠茕茕孑立既鲜兄弟亦靡宗乚☒乃先生□凌厉迅
发思亢厥宗以不坠厥官常越岁乙卯　乚☒命择宿卫之臣以□□掌卫事太保赠忠诚伯陆东湖公疏先生勤
慎可用于是先乚□□□云山精白恪恭雅称☒乚□遂擢本所掌印先生益练习庶务□吏校惮其严明无敢骩
法犯纪者如是凡五载去岁庚乚☒申北镇抚司缺理刑千户今掌卫事太子太保朱筆庵公谓是官也实典乚
诏狱非毕子清不可乃者举于大司马大司马廉得其实遂以请于　乚朝而加简用焉乃先生辄复自念曰吾世
受　乚国恩靡效尺寸今且为法官矣而不习于□其□□称任使因□取案牍反复勘详競競然惟恐乚求其生
而不得故视事仅数月而其所平反者已甚重居尝训其子光祖曰吾毕氏以武世厥乚家然武非文弗耀今　乚
天子宏开科目□罗豪俊尔小子勖之父母从志轻肥为乃延之师友教之骑射习之韬钤光祖果以乚嘉靖乙未
登武进士第时余叨校士后士之出余门者二十有一人而光祖最少人咸谓先乚生善教能亲覩其成名若此先
生性坦夷简重文雅嗜山水于城东购地一区种竹藤□引乚水濯畦暇网与朋旧觞咏其中以抒泄情愫悠然将
终老焉孰谓其遘疾无何而遽弗瘳弗□乚哉曩余往吊先生光祖泣谓余曰先将军之初寝疾也梦二童子挟冰
盘以行苦索不与自是乚遂病渴乃四月二十有九日又梦二神人告之曰汝在尘寰仅十有七日矣呼光祖辈命
治后乚事比属纩之辰果协前数嗟哉异夫夫死生之际大矣先生乃能豫烛不乱如此亦可以为难乚矣先生之
没也是为嘉靖辛酉五月十有五日距其生才年四十有二云配李氏寿官□□女乚封宜人子一即光祖以武科
授今官行且袭祖职娶于尹氏即印后公女为丙辰名进士　乚拜南京湖广道监察御史与先生有莫逆雅云孙
男德孙女一俱幼光祖以闰五月初一日□乚先生于永定门外石榴庄祖茔之次余尝谓先生文而毅武而雅盖
世胄中之翘楚者也□天乚假之年则其所建树必宏卓可观岂仅止是云乎哉是不可以不铭铭曰
桓桓毕氏　世亦有闻　君即允武　亦复允文　声流□□　抗志□□　用也弗究乚数兮曷云　榴庄
欝欝　有归者坟　藏贞委祉　百祀弥芳　我铭兹后　□慰将□

注：

治命：指父母留下的合乎情理遗命。

举子业：又名举业。指科举时代专为应试的学业，多指考中举人后进而考进士的学业。

昕夕：朝暮。昕，指日出之时，黎明。

弱冠：古时男子二十八成人，行成人礼，初加冠。由于体犹未壮，故称弱。后即以弱冠作为男人二十岁的代名词。

骩法犯纪：即违法犯纪。骩，骨不正，故骩法即枉法、违法。

明武略将军锦衣卫副千户晴湖毕（清）先生墓志铭（盖）

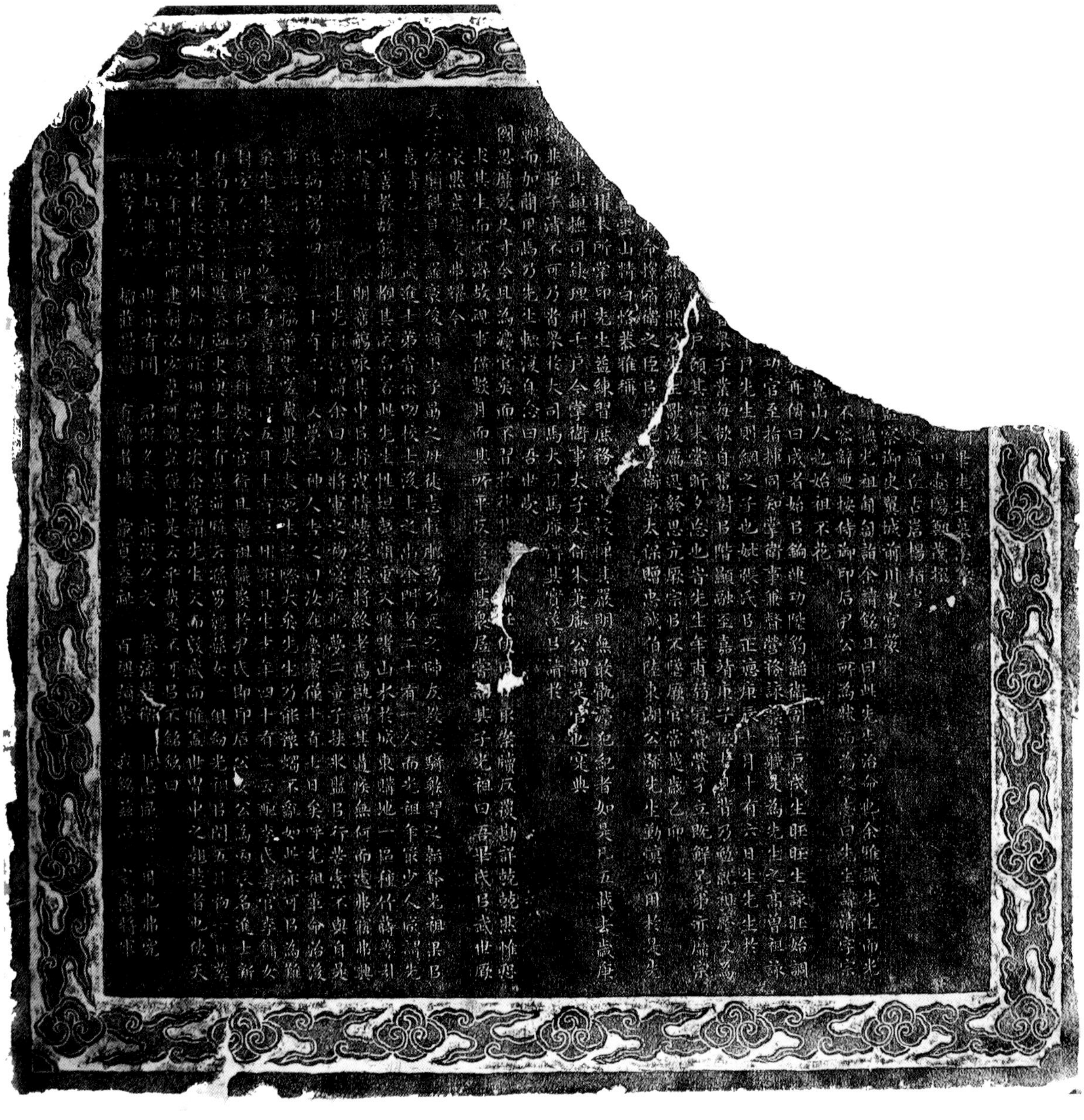

明武略将军锦衣卫副千户晴湖毕（清）先生墓志铭

（局部）

明诰封宜人毕（光祖）母李氏墓志铭

明正德辛巳（十六年，1521）生，万历丁丑（五年，1577）卒，同年五月十五日葬。

志长七三厘米、宽七九厘米；盖长七一.五厘米、宽六九厘米。盖文四行，满行三字。篆书。志文二七行，满行三一字。正书。李长春撰，杨俊卿书并篆。志断为二块，左上角残缺。盖右上部残缺。

一九四九年后丰台区出土。现藏丰台区长辛店镇连山岗石刻园。

明诰封宜人毕母李氏墓志铭
赐进士出身翰林院侍讲纂修　乚两朝实录　大明会典富顺李长春撰
武进士及第锦衣卫管卫事指挥使奉　乚命提督京城街道官校办事前都指挥佥事
奉　乚敕监督　山陵　赐飞鱼服河东杨俊卿书并篆
李宜人者武略将军毕君晴湖之配锦衣卫管卫事署指挥同知光祖之母也乚以武略贵故封
宜人毕氏世为执金吾自武略以上六传□乃武略□□□□乚家声逾益煊赫云初宜人归武
略不及侍姑嫜独丈人在□□□语武略曰当乚余髡髦许字谓及笄奉姑白首也今姑乃先背
矣□□己乎余所欲周旋于姑乚者请得移事丈人盖父事之者几十年一□□一浣纫非手指
自效不进也丈乚人数称赖笃孝必食报云武略□□秩为副千户继推择视本所篆寻入北司
乚理皆寝穹陟而誉□□□习著宜人纲纪内政至拮据理之令武略得壹意能乚□□□□□
□□□□不欲生诸里媪慰曰柰胤子何于是挥涕谓光祖曰今乚□□□□
一通宿卫籍□杨扬入周卢持□□肥不复省识韬钤甚之骄溢恣乚□自捍于文罔者不少也
汝慎旃哉先人世□令绪汝尚务规恢毋坠佚为也乚光祖俛首识之于时己射策荣登武科上
第其后以材能洊历三品本之宜人督乚诲力也宜人有孙男子五人长者授经为弟子员宜人
雅不好武亟期以诗书乚发家故病且革遍拊诸孙诀独目长者意它日待汝始瞑也嗟乎悲夫
宜人生乚于正德辛巳正月十五日卒于万历丁丑四月二十五日得年五十有七父镛乚母杨
氏子一即光祖娶尹氏福建按察司佥事　女继张氏孙五德　名位乚孙女一光祖以是岁
五月十五日葬宜人于永定门外石榴庄与武略合持姚乚比部状来乞余铭史春氏曰自世胄
豢习风靡诩然以夸毗相高即父兄不闻乚一庄语亡论母训矣彼且弗知有韬钤安望其敦悦
传家言哉若宜人诸所归乚勉柳何朗朗如伟丈夫识也余观锦衣君沉毅有度而诸孙咸森森
競爽母训乚盖章灼未艾哉是为铭曰
爵从厥夫煇以贲兮德徵厥子幽以懿兮纵营魄乚之永閟兮唯荣名之弗坠兮

注：

宜人：古代命妇制度，五品官员之妻被朝廷封为宜人。

执金吾：官名，汉初置。作为巡察官和皇帝出行的前导。金吾，一种两头镏金的铜棍。执金吾手执金吾，以示威严。

视本所篆：意为管本所事，即作本所的正官。视，治理、处理之意；篆，原为官印的代称，借以指官职。

许字：已订婚。字，女子出嫁。

韬钤：也作“韬 ”。为古兵书《六韬》和《玉钤》的简称，因以泛指用兵谋略。

射策登武科：以“射策”的考法获得了武举资格。“射策”，汉代流传下来的一种考试方法，主试者提出问题，书之于策（简册、木札之类），分为甲乙科。

比部：官署名。魏晋尚书有比部曹，隋有比部司，在刑部之下。此处为复古称法，明清市常以代刑部称。

明诰封宜人毕（光祖）母李氏墓志铭（盖）

明诰封宜人毕（光祖）母李氏墓志铭

誥封空人畢母李氏...

賜進上出身...

明宮...人明宮典...

提賢市城街道書校尉事前都指揮僉事夫

勒監督山陵...河東楊俊卿書弁篆

李空人者...青湖酣錦衣衛管衛事署指揮同

已武畧貴故封空人畢氏世為執金吾自武畧呂上六傳矣酒

家歊逾盛煇云初空人歸武畧不次侍姑嬋獻犬...在...

余髡髮許字謂久箐奉姑白首也今姑卹先背矣...

者請得移事犬久得父卒之者幾十年一...著一浣綿手指...

人數稱娥篤孝必食報云武畧台諭秋為副千戶繼摽摽視木...

...宮陟而興...古著空人緒紀內政至拮据理之令...

理皆...

人不欲生諸里媼慰曰奈歈子何於是煇...

一通宿衛籍邨楊楊入周廬持槊剌肥不復省識輶...

明武略将军武功中卫副千户对松王公（玺）并配赠太宜人张氏合葬墓志铭（底）

明代(1365-1643)。

志长六八.二厘米、宽四一厘米。志文二三行，满行四四字。正书。李凤来撰文，茹鸣金书丹，刘维德篆盖，茹鸣玉作状。志左边残缺。

一九四九年后丰台区出土。现藏丰台区长辛店镇连山岗石刻园。

武略将军武功中卫副千户对松王公并配增太宜人张氏合葬墓志铭
赐进士第奉议大夫通政使司右参议兼礼科都给事中掌科事侍　经筵桐山眷生李
凤来撰文
赐进士出身中宪大夫山西等处提刑按察司副使前山东副使奉　敕整饬天津等处
兵备无锡眷生茹鸣金书丹
赐进士第中顺大夫通政使司右通政封父眷生刘维德篆
武功中卫副千户对松王公卒其子铎恩荣官镃京学生鐩将图襄事奉云南茹提举鸣玉状
请余铭　∟墓提举余姊丈鐩生余甥婿也姻义不可辞按状王之先世谱逸莫详所自今籍
山东东昌府范县人∟国初有始祖均保以身言官至应天府尹有惠政廉誉载在信使卒时
∟高皇帝赐葬金陵至公高祖成洪武改元归附编武燕山右卫生公曾祖友初以奉　∟天
征讨节次奇功历陞云川卫副千户后以交址广南累征奇功　∟钦调武功中卫副千户
∟诰封武略将军得世袭友生公祖海海生公父庆皆荫职如阶四世妣皆封宜人庆妣陈实
生公讳玺廷用其字∟别号对松幼时严重不苟嬉戏见者知为远器比长修容魁状敏性奇
气毅然业儒有用世志弘治癸亥以□∟补如今官筦事才□干济志万清谨军畏僚悦先时
汤阴李公鐩安福赵公璜相继司空刚明廉正□□∟当意各闻公贤委督芦课徵赋称公裁
滥索罢横征势豪敛迹时　∟乾清　坤宁二宫并修　∟武宗先皇南幸需急公则预措设
处官不告匮通融权应民不告劳会满当代民赴　∟阙奏留部长深加器重请　∟允先后
十年虽时势难为而钱粮费广公则视为重务而节慎常怀度支称裕颇无过举故今谢事年
□□□□□∟在部规令尚行之第时重名器未能假此进阶人多惜之况平生事父母以孝
称比弃养已□□□□□□□∟一如祖括与人交不为城府所在咸乐从之素刚直厌诡随
人以危急告必视力济之遵父□□□□□□□璧自首同居各俾有官服列儒林及先后没
则又各为营葬如礼经济□□□□□□□□□□□□∟配弟媳二孀居时加瞻不☐

注：

奉议大夫：文散官名。金代始置，明制以为正五品初授之阶。

中宪大夫：文散官名。明制以为正四品升授之阶。

应天府：古代府名。1356年，朱元璋改集庆路置此府。治所在上元、江宁（今南京市），辖境相当于今江苏江南大茅山、溧阳以西，和江北的江浦、六合县地。

高皇帝：即明太祖朱元璋（1328--1398）。年号洪武，庙号太祖，谥号“开天行道肇纪立极大圣至神仁文义武俊德成功高皇帝”。

武宗先皇：即明武宗朱厚照（1491--1521）。年号正德，庙号武宗。

度支：规划计算。

弃养：父母死亡的讳称。古人以为人当奉养父母，故为父母死曰弃养。

明武略将军武功中卫副千户对松王公（玺）并配赠太宜人张氏合葬墓志铭（底）

明故驸马都尉马公（诚）墓志铭（底）

明正德丁酉(三十二年,1537)

志长七五厘米、宽七四.五厘米。志文三七行，满行四二字。正书。毛澄撰，蔡震书，刘棨篆。

一九四九年后丰台区出土。现藏丰台区长辛店镇连山岗石刻园。

俱王出

余侧出孙女一为之铭曰

生而不凡天与质总角恂恂慕儒术千里之驰可□日早以青衿甥 ⌊帝室建于彼苍其

梦吉身之贵矣心靡佚卷不置手多闻识肆观厥德亦解其事 ⌊ 君事亲恒傈傈肃我

家规其秩秩贤吾所礼困吾恤太平之封期永室 ⌊诏使重开合双璧贞石平生兹有述

后十百年过者式

注：

驸马都尉：官名。汉武帝时始置，秩比二千石。魏晋以后，公主夫婿多授以驸马都尉，简称驸马，遂成为官号而不为官职，沿至明代。明代驸马都尉位在伯之上。

资善大夫：文散官名。金代始置，明制资善大夫为正二品初授之阶。

中议大夫：文散官名。金代始置，明制为正四品加授之阶。

贡士：清代以前科举，经乡贡考试合格者称贡士，由州县送京参加会试。

宪庙：指明宪宗朱见深（1447--1487）。年号成化，庙号宪宗，故曰宪庙。

孝肃太皇太后：即明英宗朱祁镇之妻周氏，被封孝素贞顺康懿光烈辅天承圣睿皇后。在正德时被封太皇太后。

孝庙暨今上：明孝宗朱祐樘（1470--1505），年号弘治，庙号孝宗，故曰孝庙。今上，指宣德皇帝，明武宗朱厚照（1491--1521）。孝宗长子，年号正德，庙号武宗。

明故驸马都尉马公墓志铭

资善大夫礼部尚书前翰林院学士　经筵日讲官同修　国史太仓毛澄撰

宗人府掌府事驸马都尉奉　敕续修　玉牒凤阳蔡震书

中议大夫资治尹太常寺少卿兼　经筵官与修　国史　玉牒东吴刘棨篆

公讳诚字庭实别号沧溪其先河南人　乚国初公曾大父　玉始徙河间沧州自是遂为沧州
人大父得林骥由贡士历确山广昌二县令迨公贵乚加授大□右寺右寺副卒赠儒林郎母郑
氏封安人方公之在娠也大父梦一绯衣人奉朱盘馈异物其乚家已而公□天顺戊寅十一月
二十日也少颖敏儒林公遣从里塾师学不烦督教克自勤励年甫十三乚补州庠生弟子员众
谓马氏有子矣成化癸巳选尚　乚英庙第六女　乚宜兴大长公主授驸马都尉初名延寿
乚宪庙亲改今讳有玉带袍笏鞍马之赐寻给　诰命锡庄宅　乚孝肃太皇太后加赐黄白金
文绮宝绦兄诰时为州学生愿入监学疏奏特□诏许之盖异数　乚孝庙暨　乚今上前后累
赐飞鱼斗牛蟒服　御制回文诗及纲目　会典诸书成化丁酉　乚册封韩府汉阴高平二王
以公为正使持节往弘治中连使　乚吉代二府　封常山怀仁山阴三王壬戌　命祭告凤阳
乚皇陵时节享　乚太庙祭告　乚陵寝每摄事虔恭不怠其出使所至悉欲馈遗前后秋毫莫
取有识闻而韪之正德丁酉公　乚疾卒讣　乚闻　乚上震悼辍视朝一日赐米百石布百疋
宝镪万缗命工部治葬遣官谕祭者十有三　乚宜兴生与公合德先五年薨　敕葬京都西山
太平岭至是公子锦衣指挥佥事良等卜其年四月初七日乚举公柩合葬以澄尝辱公知奉通
政使李公宗器状来请铭予不得辞也公为人醇笃周慎嗜书暇日乚涉猎经史旁及孙吴佛老
养生之术尤敬慕古人忠孝节义事篇章流传诵读有感辄取而揭诸座隅谓乚将以自警庶子
弟亦知感发事亲孝晨昏之馔必尝而后进临卒独念其母郑安人在堂弗克终养以为乚憾语
不及他家政严肃内外斩斩谨于祀先非斋沐弗敢即事遇同座兄弟及其子曲尽恩谊岁给族
姻乚高年米粟布帛以为常敬爱缙绅士与并贫病者多所全活凡其所有率敦尚长厚□昔予
在吏部同乚僚王公懋学当谒　乚陵邂逅见公听其言论多记□国朝旧事日察公中有贞操
归以语予嘉欢不置盖公虽贵其才未有所施人乚莫睹其事业所就何如宜王公为之喟然也
公四男一女长男即良次循次澜次泽俱锦衣百户女适王乚桥太傅瑞安侯之长子良循暨女

明故驸马都尉马公（诚）墓志铭

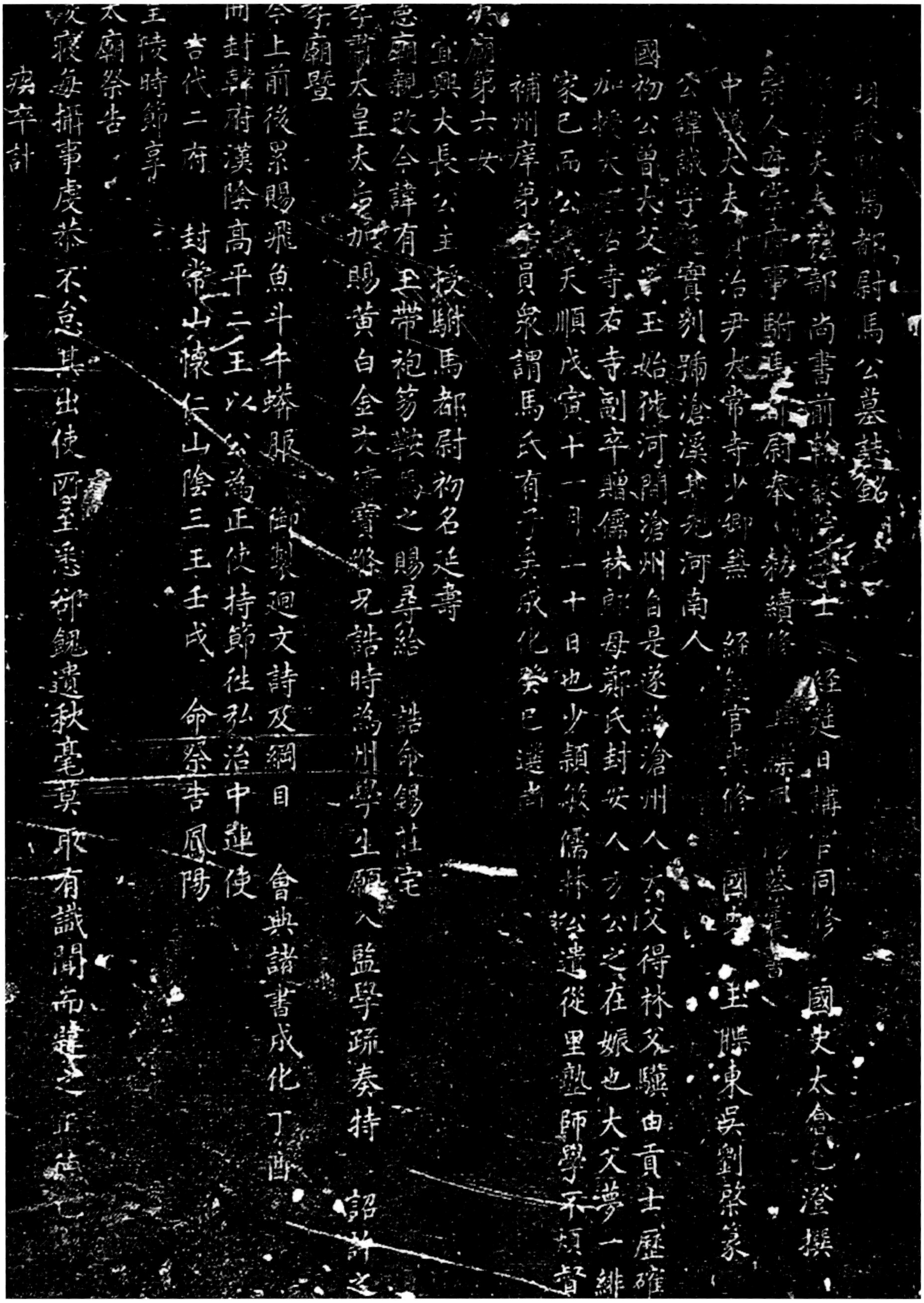

明故駙馬都尉馬公墓誌銘

[illegible]大夫禮部尚書前翰林學士 經筵日講官同修 國史太倉[illegible]澄撰

[illegible]宗人府掌府事駙馬都尉奉 敕續修[illegible]

中憲大夫[illegible]治尹太常寺少卿兼 經筵官兼修 國史[illegible]東吳劉棨篆

公諱誠字希賢別號滄溪其先河南人

國初公曾大父[illegible]王始從河間滄州自是遂為滄州人大父得林父驥由貢士歷雍

加授大理右寺右寺副卒贈儒林郎母鄭氏封安人方公之在娠也大父夢一緋

家已而公誕天順戊寅十一月二十日也少穎敏儒林公遣從里塾師學不煩督

補州庠弟子員衆謂馬氏有子矣成化癸巳選尚

英廟第六女

宜興大長公主授駙馬都尉初名廷壽

憲廟親改今諱有玉帶袍笏鞍馬之賜尋給 誥命錫莊宅

孝肅太皇太后加賜黃白金[illegible]寶器皿時為州學生願入監學疏奏特 詔許之

孝廟暨

今上前後累賜飛魚斗牛蟒服 御製迴文詩及綱目 會典諸書成化丁酉

冊封韓府漢陰高平二王以公為正使持節往弘治中進使

吉代二府 封常山懷仁山陰三王壬戌 命祭告鳳陽

皇陵時節享

太廟祭告[illegible]

陵寢每攝事虔恭不怠其出使所至悉卻餽遺秋毫莫取有識聞而韙之[illegible]

疾卒訃

（局部）

明故太子太保玉田伯赠太保谥荣僖蒋公墓志铭（盖）

嘉靖六年（1527）三月十一日

盖长七七厘米、宽六九.五厘米、厚十六厘米。盖文五行，满行四字。篆书。盖下边略有残缺。

一九四九年后丰台区出土。现藏丰台区长辛店镇连山岗石刻园。

明故太子太保玉田伯赠太保谥荣僖蒋公墓志铭(盖)

明故徐室孺人石氏墓志铭（盖）

明崇祯十七年（1644）前。

盖长五九厘米、宽六四厘米、厚十一厘米。盖文四行，满行三字。篆书。左上角残缺。志佚。

一九八三年五月二十八日丰台区南苑乡成寿寺大队三队出土。现藏丰台区长辛店镇连山岗石刻园。

明故徐室孺人石氏墓志铭（盖）

明故授七品散官竹轩张君暨配项氏合葬墓志铭（盖）

明崇祯十七年（1644）前。
盖长五七厘米、宽五七厘米、厚七厘米。盖文五行，满行四字。篆书。
一九四九年后丰台区出土。现藏丰台区长辛店镇连山岗石刻园。

明故授七品散官竹轩张君暨配项氏合葬墓志铭（盖）

皇明诰封恭人锦衣石母张氏墓志铭（盖）

明崇祯十七年（1644）前。
盖长六八.五厘米、宽六五厘米、厚九.五厘米。盖文四行，满行四字。篆书。
一九四九年后丰台区出土。现藏丰台区长辛店镇连山岗石刻园。

皇明诰封恭人锦衣石母张氏墓志铭（盖）

大明封昭信校尉戴公安人李氏合葬墓志铭（盖）

明崇祯十七年（1644）前。

盖长六六厘米、宽六六厘米、厚十二厘米。盖文五行，满行四字。篆书。

一九四九年后丰台区出土。现藏丰台区长辛店镇连山岗石刻园。

大明封昭信校尉戴公安人李氏合葬墓志铭（盖）

封承德郎兵部主事张君之墓（盖）

明崇祯十七年（1644）前。
盖长五七厘米、宽五七厘米。盖文四行，满行三字。篆书。
一九四九年后丰台区出土。现藏丰台区长辛店镇连山岗石刻园。

明封承德郎兵部主事张君墓志铭（盖）

买地券

长六十五. 五厘米、宽六十五厘米、厚九厘米。文四行，满行四字。“天負地方、六律九章、符命告下、永镇幽堂。

一九四九年后丰台区出土。现藏丰台区长辛店镇连山岗石刻园。

天圆地方
六律九章
（符 咒）
符命告下
永镇幽堂

注：

天圆地方：即天圆地方

符命：符篆

幽堂：指墓穴，明堂。

买地券

砖券

清康熙六十一年（1722）前。

长五一厘米、宽四九.七厘米。文二二行，满行二三字。文字漫漶。

一九九七年五月丰台区出土。现藏丰台区长辛店镇连山岗石刻园。

⧄

⧄工部□□院⧄∟初六日□□□□□□□□□初七日⧄∟□孺人□氏□□□□□□□

月初六日⧄∟□正月一十五日吉时二位真灵后于嘉靖⧄∟日因次男鲍氏□□中书舍人

本年二月十五日⧄∟书舍人□赠孺人鲍氏年久改迁吉⧄∟钱九万九千九百九⧄∟□共

为信□□东王父西王母买□□□一⧄∟外东皋村□□衣卫钱抚司百户□下⧄∟陈善□

□□□□程下将军李锐之□风⧄∟午向之东安厝□兆东五甲乙青龙□□□丁未□西

至⧄∟辛白虎□至壬癸亥武上至青天下至黄泉四方□段⧄∟亡者安身□吉之所万□佳

城千年□□日□风风夜⧄∟金鸡□千年不改万年不移如有□□□□□□□□□精⧄∟

山魈魍魉古墓伏尸□□□□□□□者□□等人受害⧄∟如有此事诸亡者龙比⧄∟武

夷仙山照依⧄∟青天律治罪施□□今死者凭改天久地长兴亡⧄∟⧄出人东王公西王母

□□人李定庆

正明人张坚固

注：

真灵：对神灵的尊称，犹如说真仙、真神、真君。

中书舍人：官名。晋初于中书省置舍人、同事各一人。以后各代略有不同，明废中书省，但仍有中书舍人，属中书科，仅掌书写诰敕等事。

东王父：即东王公。道教神名，又称东木公、东华帝君、扶桑大帝。道教奉祀为掌管男仙名籍的尊神。中国古代神话中的男神。

西王母：道教神名。亦称金母、王母娘娘或西姥。中国古代神话中的女神。旧时民间视西王母为长生不老的象征。道经说，众仙登天，必须先拜谒东王父与西王母，才能晋见三清尊神。

山魈：又作“山萧”、“山魅”、“飞龙”、“飞飞”等。古代道书以为是一种山中精灵，并有许多灵异的记载，与今动物山魈不同。

魍魉：也作“罔两”、“蝄蜽”。传说山川中的精灵怪物。

古墓伏尸：墓内死尸。

砖券

皇清诰封太夫人高（民瞻）母姬太君墓志铭

明万历乙未(二十三年，1595)生，清康熙乙卯（十四年，1675）卒，丁巳年（十六年1677）六月二十七日葬

志、盖均长八〇厘米、宽八〇厘米、厚十六厘米。盖文四行，满行四字。篆书。志文三六行，满行四九字。正书。徐元文撰，苗六善书，黄尔性篆。志文漫漶。

二十世纪八十年代初丰台区南苑出土。现藏丰台区长辛店镇连山岗石刻园。

笏与之曰真吾婿也即此定□盖两家先世皆有高行卓识故夫人卒以贤德大高氏之宗戚党
至今传其事云□人生乚明万历之乙未□之甲子八十有二子二人□具瞻事□卒□河南哈
哈番高公拱极女继娶孝廉庞公女次民瞻历任至乚四川巡抚兵部右侍郎□□□□右副都
御史加一级□□□□□□□孟公□昌女孙七长世璘任步军校加一级安乚江南提举道
梁公儒女□□县□阿尼哈□□公什闻女次□□国子监监生幼未聘□□□监生聘副总兵
侯公国臣女乚四世□五□珮幼求赠俱□□□□□□□娶赵公□□女又世□监生聘孝
廉卢公□女□民□出□□□□□□□乚尼哈番□□山次□副都统□公如龙子□□员外郎
兼拜他喇布□□□加一级马云□□□副都统傅□大□子世□乚阿达□哈番傅国宝四适
两□□法□□公□瑞子荫生朱行义五幼未字曾孙二长来存次□□俱幼未聘今以康熙
□乚巳年六月壬申日合葬于左安门外之方家庄铭曰
姬姜之裔□□之贵寿而康锡厥类不可异也吾则尚其令闻之勿赞也

注：

孝经衍义：《孝经》为儒家经典之一，共有十八章，孔门后学所作。论述封建孝道、宣传宗法思想，汉代列为七经之一。《孝经衍义》，一百卷。清顺治十三年(1656)奉敕所修，至康熙二十一年（1682）告成。圣祖仁皇帝亲为鉴定，制序颁行。

殿试：科举时代，帝王于宫殿内考试贡举之士称殿试。明清两代，乡试之后集中于京师会试，会试中试后再进行殿试，以定甲第，共有三甲。

会试：明清科举，每三年各省举行考试曰乡试，中试者即为举人。次年，以举人试之京师为会试。

服俸：服秩与俸禄。服，指官服的品级；俸，官吏所得的薪给。

小学列女经：小学，古代官学机构，大约八岁以后入学读书。列女经，为小学必读书之一，即《列女传》。汉刘向撰，七卷，分为母仪、贤明、仁智、贞顺、节义、辩通、嬖孽七类。列记古代妇女事迹104则，每则都有赞语。

及笄：笄，簪子，古人用以别住挽起的头发。古时女子到了成年插簪行礼称笄，也特指女子十五岁或成年。及笄，即到了成年时。

风宪：风纪，法度。

饘粥：泛指粥类食品。凡粥厚曰饘，稀曰粥。

委禽：送订婚的聘礼。此禽指雁，古时聘礼；委，致送之意。

哈哈番：满语，汉译为“官”。

皇清诰封太夫人高母姬太君墓志铭

赐进士及第资政大夫　㇗经筵日讲官记注　㇗起居　翰林院掌院学士兼礼部侍郎加一级教　癸丑丙辰两科庶吉士纂修　㇗实录副总裁纂修孝经衍义总裁丙辰武会试总裁充丙辰文武殿试读卷官夔文阁学士国子监祭酒内秘书院侍读己酉陕西乡正主考掌理　㇗诰敕内国史院修撰昆山晚生徐元文顿首拜撰文

赐进士出身通奉大夫都察院左副都御史加一级侍　㇗经筵丙辰会试主考　㇗殿试读卷官前顺天府府尹左佥都御史通政史司右参议光禄寺少卿正四品服俸户科掌印给事中刑科给事中掌山东道㇗事广东道监察御史通家眷晚生苗六善顿首拜书丹

巡抚陕西等处地方□理军务都察院右副都御史眷侄黄尔性顿首篆盖

夫人姓姬氏赠资政大夫国□公之正室也一康熙乙卯十二月一十五日卒其明年次子少司马讳民瞻来告曰余母殁㇗□友□□得祔葬先大夫之阡有日矣惟是礲石□□其幽者惟先生知之深非先生莫能志吾母也敢泣以请余既不获㇗□□取平日之所闻及司马兄弟之所述次其大者以传□□生于奉天之辽阳州父历元官指挥同知性好施以豪迈闻㇗于里中夫人幼而明慧贞顺能通孝经小学列女传诸书父所口述也及笄而□于赠公事舅姑克尽孝谨内外之事称治㇗举二子而赠公□卒□其孤以成立皆出夫人其伯于具瞻伉爽负气惟尚父与然诺能倾動当世之贵公□□□杜季良㇗之风未仕而卒次即司马公由农部郎出□西蜀再以中丞门府者也皆与余□□□余尝数数过从谈□竟日阈以□寂㇗不闻声咄嗟问浆酒之□庀具甚□而司马兄弟友爱温恭虽然客尽惟不失□□□□亲炙行觞侍立趋走无敢怠因㇗以知夫人之能家政其平日之教其子以□□□识理义亲贤取友者□有素也□余闻少司马之按蜀也夫人召至膝前㇗而戒之曰汝以郎官为　㇗天子持风宪两州当寇躏兵毁之余其戢暴安民尽力□阵以报　㇗国恩毋贻我忧事竣果□㇗等音以少司马夫人衣疏衣椎稽操作如平常时□得□□□□之而已未尝有喜色及公开府㇗再莅蜀中夫人又谆谆诲成□以中鑾语非□归事卒得白夫人数慰勉之谓穷□□也汝两莅县□尝辄违吾训今□□㇗朝廷仁明□其无□使母子得以复金吾家世虽寒素薄田具饘粥粗足自给吾何感□□呼夫人且能识大礼安义命贵而㇗不骄虽朽不□者矣虽古贤士不能过也余又闻夫人在□岁时父□□公□爱之欲为择婿豪家争委禽焉□不计会□㇗马公大父出猎杖□驹过其门见其衣著状貌岸然□□□□□与之结□即偕至其家询□有子请相见大喜出袖中金㇗一

皇清诰封太夫人高（民瞻）母姬太君墓志铭（盖）

（局部）

皇清诰授奉政大夫湖广荆州府彝陵州知州赠中宪大夫禹思鲍公暨配诰封宜人赠恭人王氏太君合葬墓志铭

康熙丙子年（三十五年，1696）四月二十八日合葬。

志、盖均长八〇厘米、宽八〇厘米、厚十三厘米。盖文八行，满行七字。篆书。志文四〇行，满行五六字。正书。查升书丹。

一九八四年丰台区王佐沙锅村出土。现藏丰台区长辛店镇连山岗石刻园。

曰我公生我藩臬咸伟厥功上其事于督□而君□不□媚□□督□□□□□□以闻∟也又尝
有所□欲以事罢□□知□能□□□弗果罢□亦终不荐也君在州首尾十年竟以□劳□疾卒
□□□□□□□□□□□共尔位∟者软殁之日贪无以殓州民□赙之以殓□几不能归又争
赙之以归呜呼视彼居民上不恤民死而民□□□者□□□□□□□□丁天聪∟乙亥年七月
十八日□时卒于康熙癸丑年五月二十七日巳时年三十九岁配夫人王氏昭武将军讳□□之
女也夫人能□思□□而性尚∟朴素温良淑慎能相其夫子待侍妾有恩螽斯樛木之德裕如也
即称未亡人外持门户内操家政伺顾劳瘁□□□第教督诸□□□法度尝∟诚其子曰而父为
廉吏尔辈当勉力学问勿坠家声为我旦夕□也□三孤咸自激励蔚为令器而长君历任州县□
以治行□□□□罹而次∟君季君荣以需次选郎官夫人之教子可谓勤而有绩矣□父□师不
诚鲍氏贤母哉夫人以崇德戊寅年十二月初三日丑时□□康熙甲戌∟□八月十五日巳时卒
于□□□□之官舍年五十七岁先以□覃恩诰封宜人今以长君□□□考为中宪大夫姆为恭
人□□□□丙子年∟四月二十八日午时合葬于房山□西山沙锅村祖茔之次子三人长复相
恭人出任两广都转运监史司运同娶白□总督□□□□讳色纯∟公女次□振侧室□氏出任
本旗□□□□笔帖式次□□祖□四川按察使讳文明公女□□礼侧室刘氏出侯□□县□□
□□文林郎渭∟南知县□文炳公女女□一适河南□□县知县张□□□□□出□适候补□
□吴震□□□□□□□□□鎦复□出□复□□□女二皆∟复相□□□□□□孤复相以书
来请铭于余余闻君之为州也能□其民卒之日州民□□□□□□□□百遗惠□□□□□□
□思之不∟忘□□□□至今尸祝之□今甲或门一十年□矣绅士耆民□士□□□□治状□
□两□□□□□□□配□学宫而□□□□□飞复汇∟县君□□时□□□诗文以传何流风
善政入人之深至于如此□□□□□□□□□□□□□□□□□□□□□如□□□□□汉
阳令∟□□□□□□□□而父老思之孙樵为纪其事以传君虽见催□于□不☒∟大明弘治
□□□久论定辉光俎豆于君复何撼哉余故援笔书之志□于不朽以□□□□□□
大意□官勿克甚施□□盘于贤哉归德壶范式∟端九能书荻彤□□丹□□□□□□□
□□□□□□□□□□□佳城百世是贤清风俊节起余永叹□□□□旌邑刘弘□隽

注：

耆儒：年老博学的儒者。耆，老者。

诰授奉政大夫：奉政大夫，文散官名。金代始置，清代正五品概为奉政大夫。诰授，朝廷用诰命授予封号。

史乘：记载历史的书籍。春秋时晋国的史书曰“乘”，后遂以称一般史书。

召父杜母：此指西汉召信臣与东汉杜诗故事，二人相继为南阳太守，皆能为民兴利，开凿沟渠，修治坡地，广拓土田，注重农业。故当时有“前有召父后由杜母”之语。“父母”，比喻父母官。

藩臬：指布政使与按察使的简称，均为外任官。

覃恩：广施恩惠。多指帝王普行封赏或赦免。

皇清诰授奉政大夫湖广荆州府彝陵州知州赠中宪大夫禹思鲍公暨配　诰封宜人赠恭人王
氏太君合葬墓志铭
赐同进士出身光禄大夫太子太傅保和殿大学士兼礼部尚书加五级前兵部尚书加四级
工部尚书都察院　事左都御史加一级礼部尚书∟⊘事□□文□学士礼部右侍郎翰林
院□□学士内⊘右春坊⊘允国∟国子监习业　国史院检讨庶吉士　家眷侍生□□顿
首拜撰文
赐进士出身资政大夫户部尚书文华殿大学士加一级总裁□□国史⊘∟讲官礼兵刑三
部尚书礼部左右侍郎兼翰林院学士□□□□日讲官起居注□林院□□□□内⊘翰林
院∟侍讲学士左右□□□子加瞻事侍读侍讲司业编修庶吉士⊘赐进士第翰林院庶吉
士年家眷晚生查昇顿首拜书丹
从来□今而传后□□□□而志铭之作亦史乘之流也惟夫清德渊节□□□时其人其事有□
□□□□□□□□□□□□□□不然虽∟□□□□也□□□为郭有道作墓俾叹为不愧诚
重□也诚难□也今予于鲍君志铭云然□□□孜字禹思⊘之∟后世有闻人明初讳恂者以
耆儒起□礼部尚书其□□县散处自新安迁于□□嘉兴石门县中□有讳孟军者□□□□州
□□□始徙应∟州历五世人　∟本朝再徙辽东遂为奉天人也□祖□□□弘治甲子举人灵
□□县赠光禄大夫□夫人□□祖讳崇德山西都指挥□□□□□配夫人□∟氏考讳□
先以佐命功事　∟太祖□皇□于行□历任三朝官□□书□大学士吏部尚书配□诰封一品
□夫人□□别室□诰赠恭人李氏实生君相国第十六子也□□□□见∟爱于嫡母　∟配诰
封□□□□□□□□□□□□克⊘之际人□□□□读书多与□士大夫□□论古今胜败出
处□□可配□□□儒素不∟⊘国子也　∟今上康□□□□□□□□□□□陵州知州州
当楚蜀之冲盗贼出没楚捕□□人山川□□逋入□□□□凵□以逸□□□□□君忧之∟
君慊□□□即至修城廓缮府修□□□法□□聚谋穷谷问计□未定而逻者已至踪迹无所容
□□□□□□□□□□□□□□□翰为∟茂□□□□伤之捐俸修□□□与辛□□生会谋
其中文教也□□□则彬□兴行焉丙午岁□□□□□□□□□□□□□□□□粥其∟老弱
者□无道仅全活不可胜计民感泣□谓古有召父杜母我公在其父母之间乎己酉妖人等□□
□□□□西山为□□□□□□之村∟民辛匿君抚其重曰诛正道耳汝辈无□也民乃大安

皇清诰授奉政大夫湖广荆州府彝陵州知州赠中宪大夫禹思鲍公暨配诰封宜人赠恭人王氏太君合葬墓志铭（盖）

皇清诰授奉政大夫湖广荆州府彝陵州知州赠中宪大夫禹思鲍公暨配诰封宜人赠恭人王氏太君合葬墓志铭

皇清诰授光禄大夫銮仪卫銮仪使右都督加三级世袭阿思哈尼哈番鲍公（敬）暨元配诰赠一品夫人金氏太君合葬墓志铭

康熙丁丑年（三十六年，1697）十月二十七日合葬。

志长九〇厘米、宽八九厘米、厚十二厘米；盖长九〇厘米、宽九一厘米、厚十二厘米。盖文九行，满行七字。篆书。志文四四行，满行五六字。正书。王熙撰，查升书，张玉书篆。志文漫漶。

一九八三年丰台区王佐乡沙锅村出土。现藏丰台区长辛店镇连山岗石刻园。

一侄不及其子公之子复显令始兴贻书诚之谓非公不足服众非乚惠不足感人后家
孙鐸令蒙阴训之如前故子若孙所在皆有善政则公之孝友之行义方之教不又可谓
全尽者乎丁丑春二月疾作公手乚缮遗疏语不及私卒年七十二蒙　乚恩予祭葬议
谥子孙世袭阿思哈尼哈番公生于天命丙寅年闰六月十二日寅时卒于康熙丁丑年
三月二十三日酉时始祖孟辉公明指挥使乚以官家应州曾祖讳士名诰赠光禄大夫
曾祖妣卞氏诰赠一品夫人祖讳崇德明守备大同高山左卫右卫四城掌印行都司都
指挥佥事乚祖妣牛氏张氏王氏诰赠如之考讳承光以功名著于辽东遂家奉天官秘
书院大学士吏部尚书光禄大夫妣李氏张氏皆一品太夫人公乚张太夫人出公元配
金氏礼部尚书讳□公女　乚诰赠一品夫人继娶李氏讳□公女　乚诰赠一品夫人
继娶曹氏子一复显金夫人出官广东始兴令先公再娶刘氏浙闽总督兵部尚书讳清
泰公女继娶张氏福建总督兵部尚书讳乚长庚公女女五长适陕西甘山道刘德弘次
适太学生胡□次适太学生张元贞次适候补知府苏处次适候选知县周全功孙二鐸
刘孺人乚出山东蒙阴令娶杨氏户部员外郎讳国瑞公女钟张孺人出候选知县未聘
孙女一张孺人出适世袭候伊尔拜鲁孙三之瀚之澍之润俱乚系业儒曾孙女二未字
承重孙鐸卜以康熙丁丑年十月二十七日寅时奉公殡安葬于房山县西山沙锅村祖
茔之昭位祔以元配金夫人乚礼也其主穴承先公其主穴之昭□□公其主穴之穆儿
文公又昭即敬公又穆六弟孜公又昭七弟畋公又穆姪妇教氏又昭姪复祖公又乚昭
侄复泰公又昭子复显公将葬诣余为铭铭曰

奕奕鲍氏轩辕之臣东齐而后代有闻人历汉及唐泊宋明祀文章事业丕显尔□
□□云中四世从　乚龙英勇忠孝笃生我公分兵秦蜀遂诛巨猾选锋冠军嫖姚
十八再请萑苻肃清江汉洛师建牙雁门藩□□烽罢□寇盗无侵乚帝懋厥绩回
翔羽林雍容陪扈疏附后先见几明哲悬车之年赤松高韬绿野遗容脱屣轩□蝉
蜕簪缨仆车不戒遗表是求庙堂忠告老臣猷乚天子哀伤公顷□悼恤典谏章三
军素缟砺山带河子孙绳武归于其居曰时终古　乚旌邑刘弘兴骥镌

注：

光禄大夫：文官阶名，清为正一品，为文臣最高的阶官。

銮仪卫銮仪使：銮仪卫，官署名。清置，专管皇帝仪仗的序列及承应。其主官为銮仪使，秩正二品，共设三人，满二人，汉军一人，其地位仅次于掌銮仪卫事大臣。

阿思哈尼哈番：清代爵位名。在清初世爵八等中，此为第五等。乾隆元年（1736）奏准：将此满语改为汉文“尉”

王熙：（1628-1703）清顺天府宛平人，顺治四年（1647）三甲第86名进士。服官五十八年，功成身退，善始善终，官至光禄大夫太子太傅保和殿大学士兼礼部尚书。

张玉书：清丹徒人，字存素。顺治进士，官至文华殿大学士，谥文贞。历官五十年，为太平宰相二十年。

查升：清查慎行祖子，字仲伟，号声山。康熙进士，累官少詹事。诗词清丽，尤工书法，有《澹远堂集》。

俞允：应允，同意，特指来自朝廷或皇帝的同意。

皇清诰授光禄大夫銮仪卫銮仪使右都督加三级世袭阿思哈尼哈番鲍公暨原配
诰赠一品夫人金氏合葬墓志铭

赐同进士出身光禄大夫太子太傅保和殿大学士兼礼部尚书年家眷弟王熙顿
首拜撰文
赐进士出身资政大夫户部尚书文华殿大学士年家眷弟张玉书顿首拜篆盖
赐进士第翰林院编修年家眷晚生查升顿首拜书丹

公讳敬字简公号济宇姓鲍氏祖籍山西应州人大学士野庵公第四子也大学士公以
从 ㇗龙旧辅为柱石名臣 ㇗太祖高皇帝予世职公年未弱冠授二等阿达哈哈番
端庄慎重识者赏为国器时天下甫定门献乱巴蜀尚梗王化乙酉三月间 ㇗世祖章皇
帝敕大军往讨公在行中道闻秦寇遗氛甚炽请于主帅分兵独往先破贼贺玠解西安
之围从云栈而南转斗而前无不披靡再与大军㇗合功剑关拔之蹙逆献于成都继而
逆献授首蜀地悉平戊子随 摄政王征大同姜□还定山西庚寅授参领进世职一级辛
卯为兵部㇗理事官再论功授世职正二品乙巳陞都督同知总兵官出镇河南北屹然
为中州重镇康熙九年往秦豫官兵会剿湖广房县茅麓山贼郝摇旗身先士卒大呼逐
北斩馘无遗类得首功甲寅三藩叛公以宿将重望陞夸兰□出□□□ 俄 以 都 督
同知充河南援剿总兵官寻裁缺㇗署帅真定 ㇗陛见宴 ㇗赐有差未赴任改授大
同等处挂印总兵官复 ㇗ 召见恩賚甚厚 ㇗上云卿家世云中衣锦之荣今有之
矣 ㇗赐御马鞍辔赴镇后休养士卒训练行伍居饬守御出申步伐号令严而有恩驻
云十五载刁斗不惊古称长城万里其公之谓乎庚午内陞銮仪㇗使右都督秩正一品
进阶光禄大夫比受事噶尔丹扰边 ㇗上以公熟于边计以原官领大同官兵出口谓
部下□吾世受 ㇗国恩得效死疆场此愿有素遂部勒军马为进计□尔丹闻之宵循
班师复供前职日侍 ㇗天颜眷注之隆视昔有加继而林泉志切连疏求退奉 ㇗旨
慰留乙亥十月以老疾乞骸骨不允即又抱痾蒙 ㇗赐医药视疾再乞休始蒙 ㇗俞
允着以原官致仕公即退居里第杜门养重无忝元老一生宦绩自参领后凡四任总兵
官再任銮仪使右都督麾下将弁拔起建督者四人如㇗国得人者矣若公之始终一节
忠以报 ㇗国廉以居官谦以处身事迹载之家乘光之史荣曷能殚述所得荫予两弟

原官致仕：保留原官资格退休。

家乘：家谱、族谱一类。

祭葬议谥：古代朝廷官员死后可以享受祭葬之仪，皇帝亲祭或遣官致祭。议谥，朝廷予以定谥。谥，古代一定级别或身份之人死后，依其生平事迹所给与的称号。

天命：清未入关前努尔哈赤建立后金政权的年号。明神宗万历四十四年（1616）建元天命，至十一年改元。

太祖高皇帝：清太祖爱新觉罗•努尔哈赤（1559--1626）。明神宗万历四十四年（1616）时建立后金政权，建元天命。在位十一年卒。庙号太祖，谥号“承天广运圣德神功肇纪立极仁孝睿武端毅钦安弘文定业高皇帝”。历史上简称“太祖高皇帝”。

世祖章皇帝：清世祖爱新觉罗•福临（1638--1661）。崇德八年（1643）即位，改元顺治。至十八年病死。庙号世祖，谥号“体天隆运定统建极硬睿钦文显武大德弘功至仁纯孝章皇帝”。史称“世祖章皇帝”。

皇清诰授光禄大夫銮仪卫銮仪使右都督加三级世袭阿思哈尼哈番鲍公（敬）
暨元配诰赠一品夫人金氏太君合葬墓志铭（盖）

（局部）

清封光禄大夫傅公(锡畴)墓志铭

民国八年（1919）二月二十九日卒，年七十六。

志、盖均长七四厘米、宽七三厘米、厚十三厘米。盖文四行，满行三字。篆书。志文三一行，满行三六字。正书。段祺瑞撰，周肇祥书丹，李经畬篆盖。

一九八三年丰台区南苑空军油库出土。现藏丰台区长辛店镇连山岗石刻园。

次良璧清知县女二长适王次适陈乃为之铭曰

维才之丰而啬其躬维声之隆而蹇其逢积仁累功厥施不终报以孙子为世之雄刻诗诏后

閟此幽宫

注：

大勳卫建威上将军：大勋位，北洋政府勋位名称。民国元年（1912）临时大总统宣布的《勋位令》规定勋位共分六等，即大勋位、勋一位、勋二位、勋三位、勋四位与勋五位。获得清代世爵者均以受有勋位论。故建威将军，为清武职封阶，正一品。上将军者应为尊称。

大总统府谘议：大总统府，指北洋政府时期的大总统府幕僚机关，也是总统办公处所，通称公府。其下所属各官及机构有：内史、书记官、洋务文案、政治顾问、政治谘议、外交谘议等。

威海：即威海卫，在山东文登以北。明洪武中（1368--1398）分置威海卫，属登州府。清省入文登，但仍留威海之名。三面环山，刘公岛扼其前，为海边军事要地。清光绪八年（1882）筑炮台，修船坞，为北洋海军之根据地。

呰窳：也作“呰窳”。物品质量低劣。

清光禄大夫付公墓志铭

大勳位建威上将军陆军上将合肥段祺瑞撰文

大总统府谘议兼清史馆提调绍兴周肇祥书丹

清赏头品顶戴提调实录馆事合肥李经会篆盖

民国八年二月二十九日吾友付君子范年七十有六卒于京师旅邸即以其年六月十六日乚葬于城南南苑乏新阡其子 良佐纍然丧服泣请为铭幽之文曰知吾父者莫公若也余曰然乚往者寿州戴公宗骞统领绥巩军屯威海卫余与君同事武备学堂甲午之战戴公殉疆场寘乚僚皆散走独君与余始卒一心践威蹈难不避义死壬寅之秋俄与日斗时余参项城戎幕偕乚君出关画策中立是后与君或离或合或见或不见盖无一日不心在君左右也君故明决善乚断大事亿则多奇中故当代名臣巨公争欲致君幕下币聘交驰于途初从提督张公世福军乚泸溪图地形以献吴清卿大澄为钦使勘界吉林聘君与俱乃历宁古塔三姓东南至珲春折乚北渡兴凯湖溯乌苏里江右岸东北抵伯力考其山川扼塞道里远近险易土地乏肥墝人情乚风俗之淳薄条其所以归土实民通道之策甚详且备吴公谋设县珲春疏荐君为之宰会吴乚公内调去君遂应戴公之聘为学校大师严肃有章钟忠武麟同赵中将理泰刘中将跃龙皆乚翘出其校声号于时日本变作君周视海岸谓戴公曰成山斗绝入东海中敌若潜师袭我之乚背则威海危矣宜屯重兵以为之备戴公不听再三聒之始戍以一营敌看其虚卒由是登岸乚而威海遂失时军用浩穰器械多呰窳不可用王文勤公文韶奇君言多效檄驻山海关专治乚军械汰浮裁冗有赢无骞袁中丞大化调君主办永平金矿张公仁骏抚广东再调永建金矿乚国用仞绩无一毫己私有丐余地作商埠者啖以重金君挥挥之若污目不一瞬当道以君声绩乚章著屡荐于朝君故勇于趋义不顾怨嫌而畏避荣禄望望然有若怯夫大吏不能强也君即乚不乐仕进乃命良佐从余游学兵法而自写陶靖节爱菊图题诗寄其子以示志及良佐贵为乚湖南督军始一就养长沙再入京居年余而君遂逝矣君自为诸生历充诸疆吏幕賓恂恂卑乚抑无改儒素性孝友不訾省家事宦游数十年囊橐所入悉均给诸弟昆弟锡周殁于粤之北乚海躬踔万里返其柩兄锡霖负责三十六家有己偿而券未归者君皆代赎不校有无邑中有乚善举必首为之倡教子女严整不失先矩良佐官居京师时时贻书朂以廉俭乚噫可风矣君讳锡畴子范其字也先世籍江西清初始徙湖湖南乾州厅遂为乾城著姓曾祖恒乚彩祖兴隆父承基皆追赠光禄大夫曾祖妣氏王祖妣氏杨妣氏熊皆封夫人君兄弟五人而乚次居仲娶南康知县张公诞五之女生丈夫子三长既良佐勳二位冠威将军陆军上将衔乚军中将湖南督军次良藻陆军少将

清封光禄大夫傅公(锡畴)墓志铭（盖）

清封光祿大夫傅公墓誌銘
大勳位建威上將軍陸軍上將合肥段祺瑞撰文
大總統府諮議兼清史館提調紹興周肇祥書丹
清賞頭品頂戴提調實錄館事合肥李經畬篆蓋
民國八年二月二十九日吾友傅君子範年七十有六卒於京師旅邸以其年六月十六日
葬於城南南苑之新阡其子良佐䝉然衰服泣請為銘幽之文曰知吾父者莫公若也余曰然
往者壽州戴公宗騫統領綏鞏軍屯威海衛余與君同事武備學堂甲午之戰戴公殉疆場賓
僚皆散走獨君與余始卒一心踐危蹈難以避義死壬寅之秋俄與日鬨時余參項城戎幕偕
君出問畫策中立是後與君或離或合或見或不見蓋無一日不心在君左右也君故明決善
斷大事億則多奇中故當代名臣鉅公爭欲致君幕下聘交馳於途初從提督張公世福軍
瀘溪圖地形以獻吳清卿大澂為欽使勘界吉林聘君與俱乃盡窮吉垰三姓東南至琿春折
北渡興凱湖瀕烏蘇里江右岸東北抵伯力詳其山川扼塞道里遠近險易土地之肥墝人情
風俗之醇薄條其所以規土實民通道之策甚詳且備吳公謀設縣琿春疏薦君為之會吳
公內調去君遂應戴公之聘為學校大師嚴肅有章鍾忠武麟同趙中將理泰劉中將躍龍皆
翹出其校聲號於時日本變作君周視海峙謂戴公曰成山斗絕入東海中敵若潛師襲我之
背則威海危矣宜屯重兵以為之備戴公不聽再三聒之始戍以一營敵瞰其虛卒由是登峙
而威海遂失時軍用浩穰器械多皆窳不可用王文勤公文韶奇君言檄駐山海關專治
軍械汰浮蠹冗有贏無竊袁中丞大化調君主辦永平金鑛張公仁駿撫粵東再調永建金鑛
國用仍積無一毫己私有丐餘地作商埠者啖以重金君揮之若污目不一睇當道以君贊績
章著屢薦於朝君故勇於趨義不顧怨嫌而畏避榮祿望望然有若怯夫大丈夫不能強也君既
不樂仕進乃命良佐從余游學兵法而自寫陶靖節愛菊圖題詩寄其子以示志及良佐貴為
湖南督軍始一就養長沙再入京居年餘而君遂逝矣君曾為諸生歷充諸疆吏幕賓恂恂卑
抑無改儒素性孝友不訾省家事宦游數十年橐橐所入悉均給諸弟昆弟錫周歿於粵之北
海躬辟萬里返其柩兄錫霖負責三十六家有已償而券未歸者君皆代贖不校有無邑中有
善舉必首為之倡教子女嚴整不失先矩良佐宦居京師時時貽書勖以廉儉敬勤毋染流俗
噫可風矣君諱錫疇子範其字也先世籍江西清江始徙湖南乾州廳遂為乾城著姓曾祖恒
彩祖興隆父承基皆追贈光祿大夫曾祖妣氏王祖妣氏楊妣氏熊皆封夫人君兄弟五人而
次居仲娶南康知縣張公誕五之女生丈夫子三長即良佐勳二位建威將軍陸軍上將[illegible]陸
軍中將湖南督軍次良藻陸軍少將次良璧清知縣女二長適王次適陳乃為之銘銘曰
維才之豐而嗇其躬維贊之隆而覆其逢積仁累功厥施不終報以孫子為世之雄刻詩詔後
閟此幽宮

清封光禄大夫傅公(锡畴)墓志铭

皇明诰封恭人锦衣石母张氏墓志铭（盖）

明崇祯十七年（1644）前。

盖长六八.五厘米、宽六五厘米、厚九.五厘米。盖文四行，满行四字。篆书。

一九四九年后丰台区出土。现藏丰台区长辛店镇连山岗石刻园。

皇明诰封恭人锦衣石母张氏墓志铭（盖）

皇清诰授光禄大夫巡抚四川等处地方提督军务兼理粮饷兵部右侍郎兼都察院右副都御史加一级鼎臣高公讳民瞻府君皇清诰封一品夫人高母孟太君皇清敕封淑真孺人高母刘太君合葬墓志铭（盖）

清康熙六十一年（1722）前。

盖长六八.五厘米、宽六八.五厘米。盖文九行，满行一〇字。篆书。

一九四九年后丰台区出土。现藏丰台区长辛店镇连山岗石刻园。

皇清诰授光禄大夫巡抚四川等处地方提督军务兼理粮饷兵部右侍郎兼都察院右副都御史加一级鼎臣高公讳民瞻府君皇清诰封一品夫人高母孟太君皇清敕封淑真孺人高母刘太君合葬墓志铭（盖）

明天顺七年（1463）等圣旨合刊碑

明代成化二十三年（1487）五月

碑身（含碑首）高2.68米、宽0.95米。螭首、方座（后修）。额“御旨”，正书。碑文分五段。1、首题“奉天承运”，年款“天顺七年（1463）十二月二十二日”。2、首题“奉天承运”，年款“成化十六年（1480）十二月二十五日”。3、首题“奉天承运”，年款“成化二十三年（1487）五月”。4、首题“奉天承运”，年款“弘治十二年（1476）正月初六”。5、碑文漫漶辨识不清。碑文五段均为20行。

现位于丰台区长辛店镇连山岗石刻园。

奉∟
天承运∟皇帝制
曰国家于武臣之
有勋∟劳者必锡
封爵以荣贵之∟
且俾其子孙世袭
焉比报∟功之盛
典也尔英国公张
∟懋乃故太师英
国公张辅∟之子
眷为尔父当我
∟曾祖靖难之初
摅忠效力克∟树
华勳累封显爵传
及于∟尔尔能继
承不替令誉有∟
闻兹行赐之诰命
以示褒∟宠于戏
世禄□□世德□
∟□尔尚思前人
成立之难∟□念
朝廷崇报之厚必
忠∟□□毋怠毋
骄庶保荣名∟尔
其钦哉
天顺七年十二月
十二日

奉∟
天承运∟皇帝
制曰国家法宜制
储宫□□∟审父
子君臣之道以示
之用∟□辅道之
益厥位恒虚不□
∟□人必得素有
勋名德望者∟□
后加□□□英国
公张懋∟□□太
子□□公进封定
兴∟王谥□□□
之子蚤精韬略∟
□世□□资性严
明才识□□∟□
事先报□□都府
之政∟□□□□
□□畿内之兵行
∟用念□□□□
□□特加□∟太
子太傅□□□□
□□□∟惟宣力
防御之是赖傅在
□∟道德尚推诚
益赞之是资君∟
训辞勉图来劝钦
哉∟制∟
成化十六年十二
月二十五日

奉∟
天承运∟皇帝
制曰国家稽古为
治人臣有∟任三
公之官□□□朝
之职∟能匹以重
德义□□□□也
∟非素有闻望茂
著无□者不∟轻
□□□尔英国公
张□也∟实聪敏
才识俊长□爵蚤
承∟克□□□韬
略芳□□茂□□
∟□□□□□□
□府而□□∟彰
□□□□□□□
□□故∟兹□□
之□□□□□□
□∟兹特加爵□
□□太子太师∟
□□□□□□以
崇□任也∟于戏
兵以卫国用□□
□□∟终□以辅
君□□□□□□
∟勉尔□以副朕
⧄
成化二十三年五
月十⧄

奉∟
天承运∟皇帝
制曰∟之节□
宜隆□□□□□
□□□∟辅以教
化之□□□非□
□□□∟崇岂宜
□□□□□咨尔
特进光∟禄大夫
左柱国太师兼太
子太师∟英国公
张懋性□□□参
议宏深∟系出□
□□□□□□□
□守或∟□□□
□□□□□□□
□知于∟□贤□
□□□□□□□
国史之∟□□□
□□□□□声望
久□于∟光□暨
□□□□□□□
□□□∟□勉□
□□□命于戏文
武□□∟久赖□
□□□治安□重
寄尚□∟与国□
□休□劝□□增
光□□∟钦哉⧄
弘治⧄

奉∟
天承运∟皇帝
制曰人⧄往□□
继光禄大夫⧄武
志⧄任⧄休列左
□□□于⧄然柱
石⧄以⧄

明天顺七年（1463）等圣旨合刊碑

明宁阳王谥恭靖张公神道碑

正德十四年（一五一九）岁次已卯春二月十五日

碑通高6.35米、宽1.30米、厚0.43米。螭首、龟趺。额“大明追封宁阳王谥恭靖张公神道碑铭”。篆书。首题“××××××××恭靖追封宁阳王神道碑”。年款“正德十四年已卯春二月十五日”。碑文41行，满行122字。正书。梁储撰，李鐩书，谭祐篆。碑身右上角残缺。

现位于丰台区长辛店镇连山岗石刻园。

射王叠中三矢　上喜赐宝镪千缗金厢香带一束白金五十两仍宴于　禁中甲午用廷
荐掌中军都督府事未几提督五军营务戊戌加太子太傅庶长子钦为锦衣勳卫丙午加
太傅兼太子太傅太师弘治初元纂修　∟孝宗实录命王□□局俄同知　经筵事辛亥
实录成　敕加太师兼太子太师有白金文绮袭衣鞍马之赐甲寅用荐改掌后军都督府
事提督十二团练营务给阶勳特进光禄大夫柱国癸亥嫡孙仑仍拜锦衣勳卫正德初监
修　∟孝宗实录同□□经筵事是年奉　上耕耤田王以三公行伍推九推之礼己巳实
录成　赐金绮鞍马如初顷之　上校阅于西苑王尤以骑射居上第　赐敕优奖其武健
虽老而不衰焉居无何屡章乞解营务不许癸酉卧疾　赐洒米蔬馔命尚医诊候冬十二
月疏陈疾甚　∟上察其悫□□许之遣新宁伯谭公佑诣王第面谕　上意中官赍　敕
奖谕兼赉白金百两文绮八袭宝镪五千缗苎丝衣一袭给役军伴三十名凡颁时鲜必及
王如在位时岁时　上郊御斋宫例赐佩刀钩环及尚食果实于勳戚供事者必遣遗王盖
眷注始终弥笃云河间王长女为∟文庙贵□定兴王次女为　仁庙敬妃王奕世显封代
锡茅土即茂茂元勳复联贵戚每庆　贺大礼及合斑　庭参必以王称首仪度雍容致典
重公路倚重焉初上　恭仁康定景皇帝谥兼行祭告王以义裁制隆杀得中事□□时以
为难成化间　∟孝宗□□储加冠纳徵　□王冠　册封　贵妃邵氏德妃张氏□兴王
以次五王弘治间　册封　寿王以次五王　兴王纳徵　上加冠纳徵　册封德妃沈氏
贤妃吴氏□王充正使持节行之累受金币之赐及持节　册封　楚韩赵诸王礼遣率拒
不纳尝偕中贵治□□□□狱平反者甚众祭告祈冬泽登坛雪大降弘治间　清宁宫灾
王奉　∟敕董役咸和作勤人情悦赴　⧄∟圣□仁寿太皇太后梓宫⧄∟⧄陵⧄∟孝
宗皇帝梓宫归葬　∟泰陵皆以王充山陵使率兵拥卫枢机周慎天地俨肃立　朝垂
六十年清直以莅官忠正以为国和易以处僚友仁惠以恤士卒时政阙失必率众扣　阙
疏请洎得　∟俞旨则唯唯若无与者至或未遂乃忧见颜色居不能安其拳拳之心如此
班行之中倚重最深德望之隆虽儿童走卒以至内禁皆曰英太师英太师云　∟朝廷优
眷宠锡自余勳旧莫敢望而王谦虚不伐每以盛满为戒谙练典章每所经历辄绘录成卷
时或廷议礼制商订未决辄出卷指示众皆钦服举用大臣平断大狱必以王预其事而
三十余年文武两举恩锡之晏及功臣饮至配臣纳贡诸宴皆□命王主之事先庙祭孝思
诚慎　∟恩颁品物必荐之乃敢受焉初事母吴太夫人备极孝养比有疾集瘁不自

额篆：
大明追封宁阳王谥恭靖张公神道碑铭
首题：
▨恭靖追封宁阳王神道碑
▨少师兼太子太师吏部尚书华盖殿大学士
知制诰同知经筵事 南海梁□撰
▨太子太保工部尚书侍经筵前都察院左
佥都御史奉敕总督延 绥等边务军
饷并经略山海关 等关边务 汤阴李鐩书
▨太傅兼太子太傅新宁伯奉 敕提督十
二营军务兼五军营总兵官掌后军都督
府事侍经筵 滁阳谭祐篆
▨疾兵务及卒 ∟▨空营葬宗伯谕祭凡十五筵已而 赐谥恭靖追封宁阳王王世济
忠贞勳业昭著 朝廷尝以里人之请建世忠祠祠其祖若父河间定兴二王有司春秋飨
之王即卒之明年 ∟皇上□□□□□□□□□□象贤宣勤继美固宜卹典之优
异也王讳懋字廷勉其先河南之祥符人曾祖天佑赠河间王曾祖妣赠河间王夫人祖玉
元枢密知院洪武乙丑以众来归 ∟太祖高□□□□□□□□□指挥同知 ∟太宗
皇帝入∟□□□□□□□裨赞密谋累建异效已而没于阵事定追叙功宜第一赠奉天
靖难推诚宣力武臣特进荣禄大夫右柱国荣国公谥忠显洪熙初加封河间王改谥忠武
配享 ∟太宗庙庭配王□□□□□夫人考讳辅初封信安伯积功封新城侯继以往伐
交趾事平进封英国公俄进阶奉天靖难推诚宣力辅运佐理武臣特进光禄大夫左柱国
加太师正统乙巳扈 ∟驾北狩遇虏于土□□殁追封定兴王谥忠烈配李夫人加封定
兴王夫人定兴王二子伯忠疾废无后仲即王聪慧夙成幼有至性器局端厚识者重之仲
父太平侯专恃所钟爱有吾宗昌大之望及定兴王土木之难王年已九龄矣景泰庚午袭
封英国公天顺戊寅请诣□□祭于死事处∟英宗皇帝特令给驿□往命有司为治祭具
壬午 命坐三千营司引例力辞论者许其有体癸未受 诰命封生母吴氏为英国太夫
人配王氏英国夫人成化癸巳内苑阅武 ∟宪宗皇帝亲为甲□□凡公侯而下皆令驰

惟乃世王受命笃弼考终无憾痛彻 乚九重钦承特命世飨斯同典秩久丰宠赙殊渥殁

有异恩生有厚禄绳绳孙子以诒庆延山河带砺有胤其传振古如斯惟王之裕流芳不磨

百世其树咸休无视此高丘原隰萃止川源会流翼翼道周松楸蔽芾过者戚焉惟德之爱

功载盟府事著大书尚有典刑金玉渠渠勒铭墓□以告来裔胡☐

正德十四年岁次己卯春二月十五日

注：

土木之难：指明英宗土木堡之变。

英宗皇帝：明英宗朱祁镇（1427--1464）。在位22年，年号正统、天顺。庙号英宗。正统十四年（1449）时遭遇“土木之变”，被蒙古瓦剌俘获。直至代宗景泰八年（1457）复位。

宪宗皇帝：即明宪宗朱见深，年号成化。

孝宗：即明孝宗朱祐樘，年号弘治。

藉田：古代天子亲耕之田。

代锡茅土：代代封侯。茅土，古代帝王社稷坛以五色土建成，分封诸侯时，按照封地所在方向取坛上一色土，以茅土包之，称为茅土，给受封者在封国内立社。

恭仁康定景皇帝：即明代宗朱祁钰（1428--1457）。年号景泰，庙号代宗，谥号“恭仁康定景皇帝”。

胜 ∟孝宗知之遣近臣往问兼以药物竟愈晚岁八袠簪笏称贺杂沓在堂忽有白鹤自空而
下翩翩蹈舞人以为孝感之验时享二王茔域辄哀号追慕老而益悲敦睦宗姻赒恤困乏度量
□喜怒不形人亦莫窥其际族兄瑄阵亡孤女茕茕王收养嫁之有张昌者三女及笄不能婚经
营使有家仲父文安侯孤子锜抚∟教有成至为婚嫁故旧因之必尽力振之故卒之日感慕哀
泣不能忘焉尝蓄涤笔玉池为人窃去主者惊悸欲死王闻之曰勿怖汝或置他所忘之耳徐觅
或可得不汝罪也尝对客□语或告以中府斋居失银器一笥盖王日所用者坐客相向色动王
徐曰宜密踪迹之不可妄相指擬词□□无少□□皆叹服∟恒戒□□以循礼向学无佚前人
光世禄之家但保无骄奢耳不然非吾子孙也病且亟呼子钦铭及孙仑辈语之曰吾事毕矣以
全业归祖宗以全体归造物吾复何憾惟异耳□□夙昔之训以为吾忧而已念之念之遂卒王
生正统辛酉距卒得寿七十五年始配王夫人先二十三年卒□□□□英国夫∟人先八年
卒副室杨氏以子贵封淑人先十六年卒范氏蔡氏马氏刘氏高氏肖氏子男七人长即钦锦衣
指挥同知太淑人杨出次镃锦衣卫正千户范出次铭累功□□指挥佥事充辽东副总兵官亦
杨出次锐舍人早卒追封英国公王夫人出次钢锦衣副千户□□次镇锦衣百户高□□□□
衣百户∟□出女子□人长适永顺伯薛熏蔡出次适安昌伯钱承宗刘出俱早卒孙男十人长
岳锦衣勳卫次嵩锦衣百户次仑袭封英国公次崇锦衣指挥佥事次岩次崑俱锦衣百户次嵕
次崒次嵿次嶙孙女九人长适遂安伯陈鏸次适丰润伯曹愷嫡长男栋余未行曾孙男□人礌
础曾孙女四人□□□□月初∟四日葬于宛平县京西乡连三岗吕村东庄之原盖祔于二
王茔左也呜呼□□可谓无愧于世臣□贤□大抵国家之兴必有忠良之材康济大业表置休
戚共垂永久若赵氏之于晋曹氏之于宋皆能代有异材隆于先烈青朔之忠贤玮璨之□略至
今光才照暎愈久益新是固运数之会而德厚□□盖∟不可诬也张□世笃大业至于王乃骏
发恢贲蔚为一时名臣存没哀荣垂裕无极是宜表于墓庶来者有□□遂为之铭
于惟宁阳资挺茂异德器粹然勳庸奕世深山大泽实钟龙蛇磅礴所蕴毓为英华乃际昌
明乃跻光显簪绂圭璋 ∟帝心懋简宠联勳戚曰笃不忘无念尔祖纪于太常武即承家
文亦宣惟 ∟帝曰元臣国有梧槚道履父师功资蕃翰敷贲前休曷不璀璨时惟翊戴屡
奉恤宗身附鳌极手拥飞龙虞廷史臣实哀 ∟帝德惟王旧闻综纪攸摄乃集皇坟乃蕃
典礼乃诰六师乃承大祀恭勤俨恪靡任弗共 ∟帝嘉乃绩眷渥聿崇纯佑自天耆俊在
服民有帲幪国育蓍卜克勤惟孝永慕厥终羹墙朝夕哀感精通 ∟帝曰功宗元祀攸秩

大明追封宁阳王谥恭靖张公（懋）神道碑（额）

大明追封宁阳王谥恭靖张公（懋）神道碑

顺治诰封兵部左侍郎石图性碑

顺治□□年(1644-1661)。

碑通高466厘米、宽109厘米、厚41厘米。螭首、龟趺。额篆书“诰封”。年款：“顺治□□年二月初十日。”碑文9行，满行51字。满汉文。碑身四框雕二龙戏珠。碑文漫漶。

现位于丰台区卢沟桥乡万泉寺公园。

奉 ∟天承运 ∟皇帝制曰国家思创业之隆当崇报功之典人臣建辅运□□□施锡尔□
□□激劝之宏规诚古今之通义尔拜他喇布勒哈∟番兵部左侍郎加二级石图性资□谨才
识宏通□理枢谟□□兼翰于□□宣劳政务夙夜克矢乎寅恭任用有年小心益∟□□□游
□□德□□□□□运宣□□纷□□□□□□以示□□兹以覃恩特授光禄大夫锡□□
命於戎推∟思□命爰弘奖于忠贞树□□勳尚益劝□笃□□服命勉□□心⧄∟初仕内翰
林国史院□□任本院侍□□士三拖沙喇哈番□□□□学士四任拜他喇布哈番□□□
学士五任∟工部□心即六□内翰林□文院学士□□兵部右侍郎□□今⧄
顺治□□年二月初十日

注：

他喇布勒哈番：清代武官世职名称，有二等，为正四品。满语，汉译为骑都尉。

寅恭：敬畏、恭敬之意。

拖沙喇哈番：清代爵位名，即“半个前程”。

顺治诰封兵部左侍郎石图性碑（额）

顺治诰封兵部左侍郎石图性碑(今重立时误作碑阴)

（局部）

康熙皇帝遣太常寺卿谕祭兵部左侍郎石图性碑（前碑阴）

康熙九年（1670）九月（康熙十年1671三月卒）

碑通高466厘米、宽109厘米、厚41厘米。螭首龟趺（头残）。碑文5行。满汉文。碑身四框雕二龙戏珠。碑文漫漶。

现位于丰台区卢沟桥乡万泉寺公园。

康熙九年九月初五日　⌞皇帝遣太常寺卿加二级□护⍁⌞兵部左侍郎加□□□国家之

盛典尔图性行□□有能称职方冀遐⌞⍁卓焉□□□□□□昧尚　承⍁

康熙十年二月⍁

注：

太常寺卿：太常寺，官署名。清沿明制，于顺治元年（1644）设太常寺，初属礼部，置卿、少卿等官。十六年（1659）由礼部分出，设管理寺事大臣一人，例由满洲礼部尚书兼任。卿，满汉各一人；少卿，满汉各一人……掌坛庙祭祀之事。

兵部右侍郎：官名，为兵部尚书的副职。清初于兵部设督辅侍郎满汉各二人，掌旗人逃亡之事，其下有左右理事官及郎中、员外郎、主事及司狱等官。康熙三十八年（1699）裁撤，与各部统一编制，设左右侍郎满汉各一人。

康熙遣太常寺卿谕祭兵部左侍郎石图性碑（前碑阴）(今重立时误作碑阳）

顺治圣旨颁恩命哇尔马袭父职碑

顺治十八年（1661）

碑残高419厘米、宽109厘米、厚41厘米。螭首、（残）龟趺。额篆书“敕封“。年款：“顺治十八年（1661）岁次辛丑四月庚辰朔二十四日癸卯”。碑文11行，满行58字。满汉文。碑阴无字，升龙戏珠框。

现位于丰台区卢沟桥乡万泉寺公园。

奉 ∟天承运 ∟皇帝制曰褒忠表义昭代之良规崇德报功圣王之令典特颁恩以奖勤劳
尔一等阿思哈哈番苏喇章京梅勒章京宗族哇尔马尔父奏绩良乡∟赍志以殁以尔承袭用
继先猷乃尔无忝懿亲克修前业职管牛录又理事刑曹历任有年勤慎不□□被宠荣宜深报
效兹以覃恩特授尔阶资∟政大夫锡之诰命於戏恩推自近乃弘奖夫崇阶业广惟勤尚克承
夫宠锡钦予特命励尔嘉猷 ∟□乎此▨∟先大夫 ∟覃恩诰敕也先大夫历任▨∟本朝
声蹟懋著寅恭赞采靡间始终今且溘先朝露罔极悲深谨勒之贞珉以树墓前俾师世子□观
□□不忘吾▨∟君因以不忘吾亲云尔时
顺治十八年岁次辛丑四月庚辰朔二十四日癸卯孝男苏辂马谨志

注：

梅勒章京：即梅勒额真，武官名。清代八旗制度，以固山额真为旗的长官，汉译为都统，其副职有左右梅勒额真，汉译名为左右副都统。

懿亲：至亲。

牛录：即牛录章京、牛录额真。清代武官名，汉译为佐领。

资政大夫：古代文散官名，金代始置。清代正二品概为资政大夫。

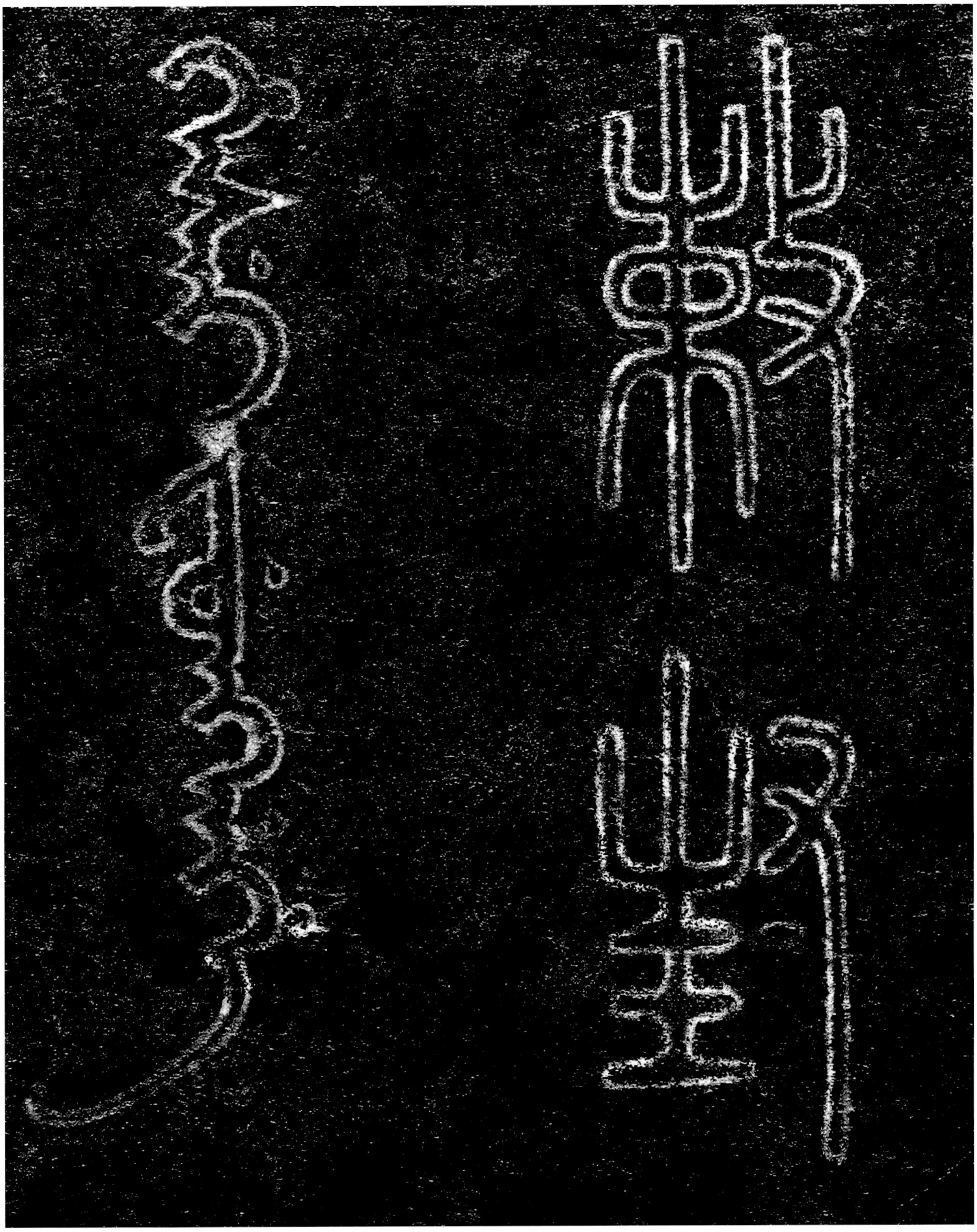

顺治圣旨颁恩哇尔马碑（额）

顺治圣旨颁恩哇尔马碑

皇　本　　　　　制
顺　　朝　思　元　　政　　曰
吾　以　声　诰　夫　大　夫　志　惠
廿　不　蹟　勅　夫　此　失　以　也
八　忘　悉　也　先　　锡　表
年　吾　眷　先　大　　之　　略
咸　亲　寅　大　夫　　　　代
六　　雨　赞　正　　命　於　用　之
年　云　昔　未　仕　　干　武　继　良
丑　　府　　　思　　规
四　　间　　　　　雄　先　崇
月　　始　　　　　自　　德
庚　　终　　　　　　　及
辰　　今　　　　　　　雨

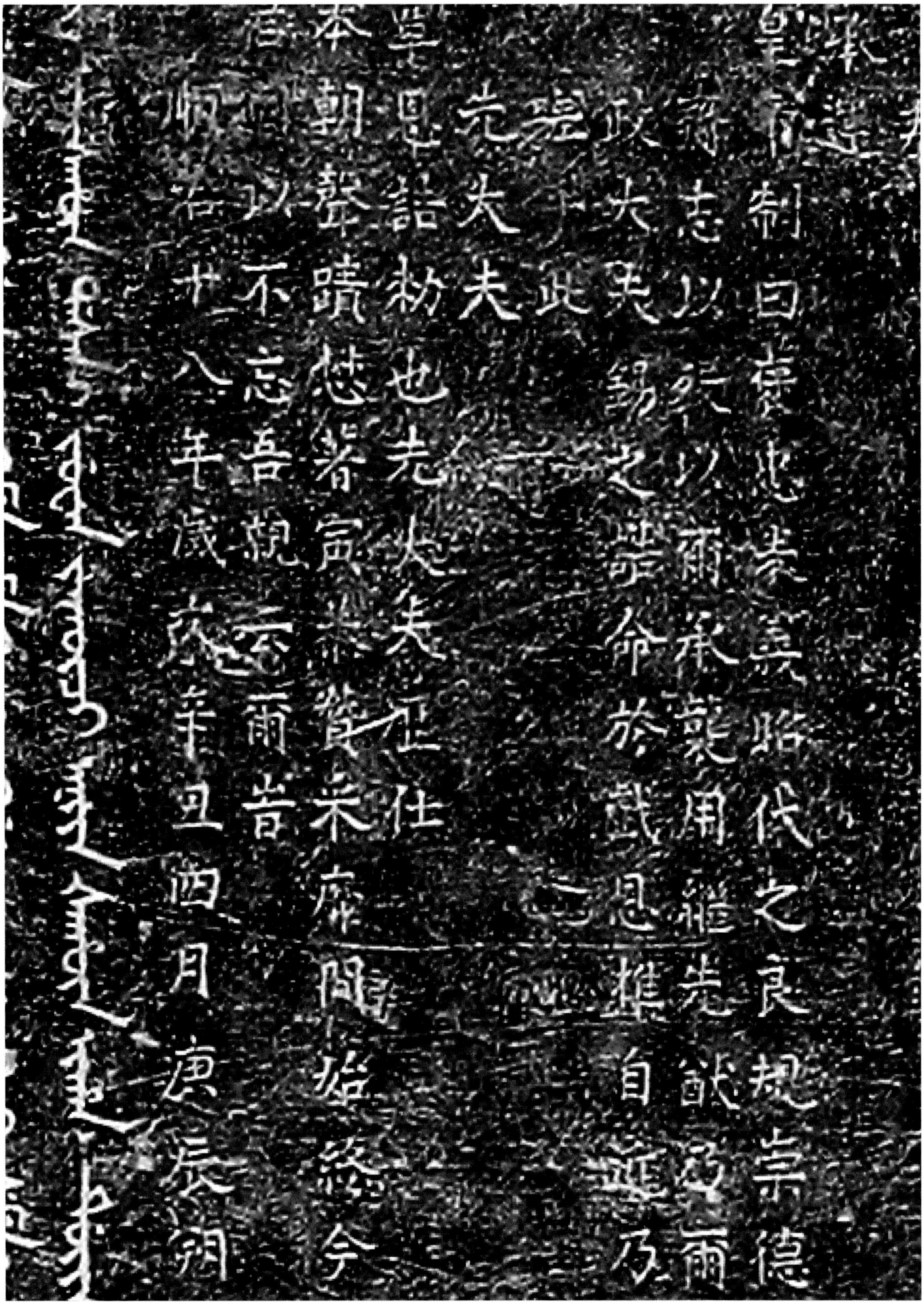

康熙诰命穆和伦碑

清康熙元年(1662）二月二十一日

碑通高3.95米、宽1.00米、厚0.40米。螭首、龟趺。额“奉天诰命”正书。首行“奉”。碑文8行，满行54字。满汉文。碑四框及两侧浮雕二龙戏珠。

现位于丰台区长辛店镇连山岗石刻园。

奉　∟天承运　∟皇帝制曰士列□阶作忠田于移孝□□□部□□□□□念兹堂构□□

□□统纶□□尔沙尔纳乃户部尚书议政大臣加二厂级穆和伦之父□禄□□□□□德□

□□□裕家学□□□□科门□□□□于邦国□□□□殊典庸□□以覃恩□尔为□∟禄

□□□□尚书□□大臣加一级锡之□□于□□□迪后□□□□□恍□□沾□益□□□

□美□□□□丕佑来昆□□∟制曰职重朝班宜溯源乎□□□崇□国尤□美于母仪式奖

芳□□承□休□尔□部尚书议□大臣加二级穆□伦母和□□□成∟□质秉柔嘉七诫早

娴流徵声于妇□□□足云著慈教于□□□□夙彰□□□□□□□□□□□□□□□於

戏□□□∟伸乌哺之恩私象服增□慰□九□□□□□□□昭乃遗□□□□□□□□□

□□□□□□□□□□□□穆和伦□□∟制曰□劳□间乘鞠□之深□衮锡□均□劝忠

之人□□无分□先后宠并极乎□□尔户部尚书⍁∟氏夙娴内则克□前徽资□恩锡□□

克敦□□□□□□□母仪聿著于庭门盛典欣逢殊恩⍁∟人於戏瞿茀恭膺益表柔嘉之范

丝□□被□伸顾复多□□□□承令闻益永⍁∟诰封穆和伦之祖光禄大夫户部尚书□□

大臣加一级库尔邦□曾祖□□吴□氏⍁∟诰封穆和伦之曾祖光禄大夫户部尚书议政大

臣加一□□□□□□□□□□□吴□氏⍁

康熙□十二年二月十六日

注：

乌哺之恩：旧称乌鸦为孝鸟，会反哺。即乌父母初哺幼乌，待幼乌成年后能反哺其父母，故以喻子女奉养父母。

康熙诰命穆和伦碑

康熙钦赐巴海旌绩碑

康熙戊午(十七年,1678)

碑通高4.30米、宽1.10米、厚0.44米。螭首、龟趺。额“钦赐”。正书。首行“镇守宁古塔等处将军巴海丰沛旧臣疆场重寄宣威布德招徕远人年款“康熙戊午（十七年，1678）孟夏日书”。碑文5行，满行28字。满汉文。

现位于丰台区长辛店镇连山岗石刻园。

镇守宁古塔等处将军巴海丰沛旧臣疆场重寄　宣威布德　招徕远人　∟朕甚嘉焉爰赐

篇章以旌乃绩　∟夙简威名将略雄高牙坐镇海云东旌麾到处销兵气壁垒开时壮武功∟

尽使版图归化日远教边徼被皇风酬勳世锡丹书重勉尔长思报国忠

康熙戊午孟夏日书

注：

宁古塔：古地名，即今吉林宁安地区。清康熙五年（1666）设县，历置将军、副都统。泰宁县绥芬厅宁安府于此，并依中日北京条约开为商埠。

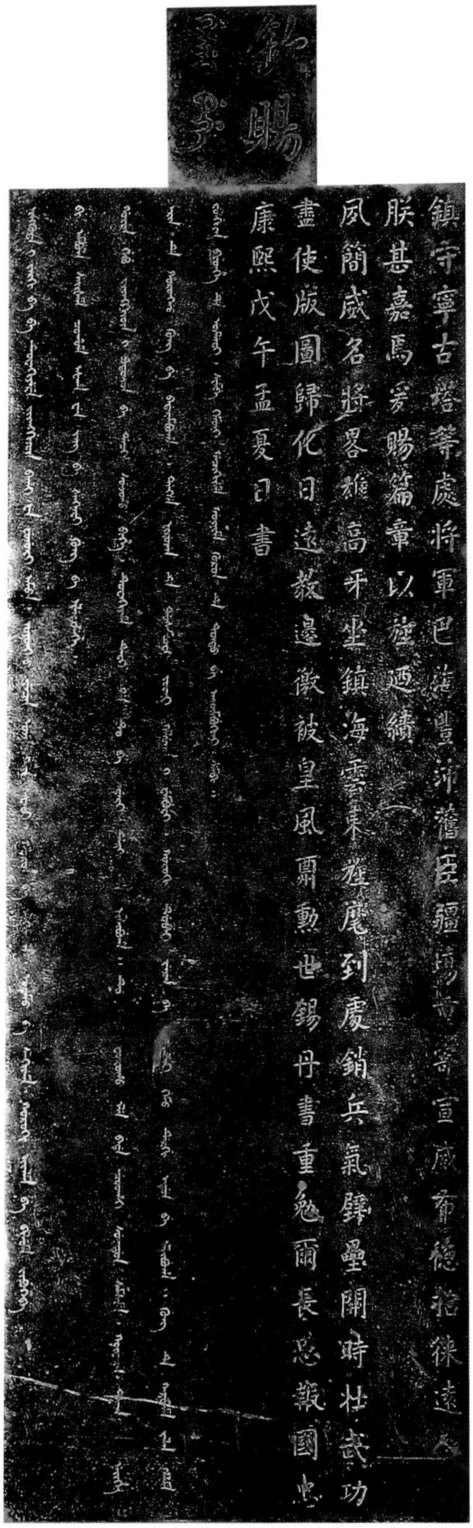
欽賜
鎮守寧古塔等處將軍巴海豈沛藩臣疆埸寄宣威布德招徠遠人
朕甚嘉焉爰賜篇章以旌遐績
夙簡威名將略雄高牙坐鎮海雲東旌麾到處銷兵氣壁壘開時壯武功
盡使版圖歸化日遠敷邊徼被皇風覃勳世錫丹書重勉爾長思報國忠
康熙戊午孟夏日書

康熙钦赐巴海旌绩碑

康熙钦赐巴海旌绩碑（阴）

（局部）

康熙诰赠塔公碑

康熙十七年（1678）十月。

碑通高377厘米、宽93厘米、厚29.60厘米。螭首、龟趺，阳额无字。首题“皇清诰赠光禄大夫盛京礼部侍郎三等阿达哈哈番塔公之碑。满汉文。阴额篆“诰封”。

现位于丰台区卢沟桥乡万泉寺公园。

皇清诰赠光禄大夫盛京礼部侍郎□阿达哈哈番塔公之碑

康熙拾柒年拾月　日　仲男七品官苏赖　∟冢男礼部侍郎哈尔松安长孙七品笔帖式德

尔度　∟季男七品笔帖式温泰　吉旦立

注：

诰封：明清时期对五品以上官员及其先代和妻室以皇帝的诰命授予封典，谓之诰封。

礼部侍郎：官名，隋始置，礼部尚书的副职，清升为正二品。清沿明制，以翰林出身的汉侍郎兼翰林学士衔，内阁学士亦兼礼部侍郎衔。

笔帖式：官名，满语文书官之称。清代于各部院衙、八旗及外省督抚衙门均置此官，掌理翻译满汉章奏文书。秩七品至九品。专以满洲、蒙古和汉军旗人充任。宗人府的笔帖式则用宗室人员。

皇清诰赠光禄大夫

康熙拾柒年拾月

盛京礼部侍郎□□陪连哈番塔公之□□

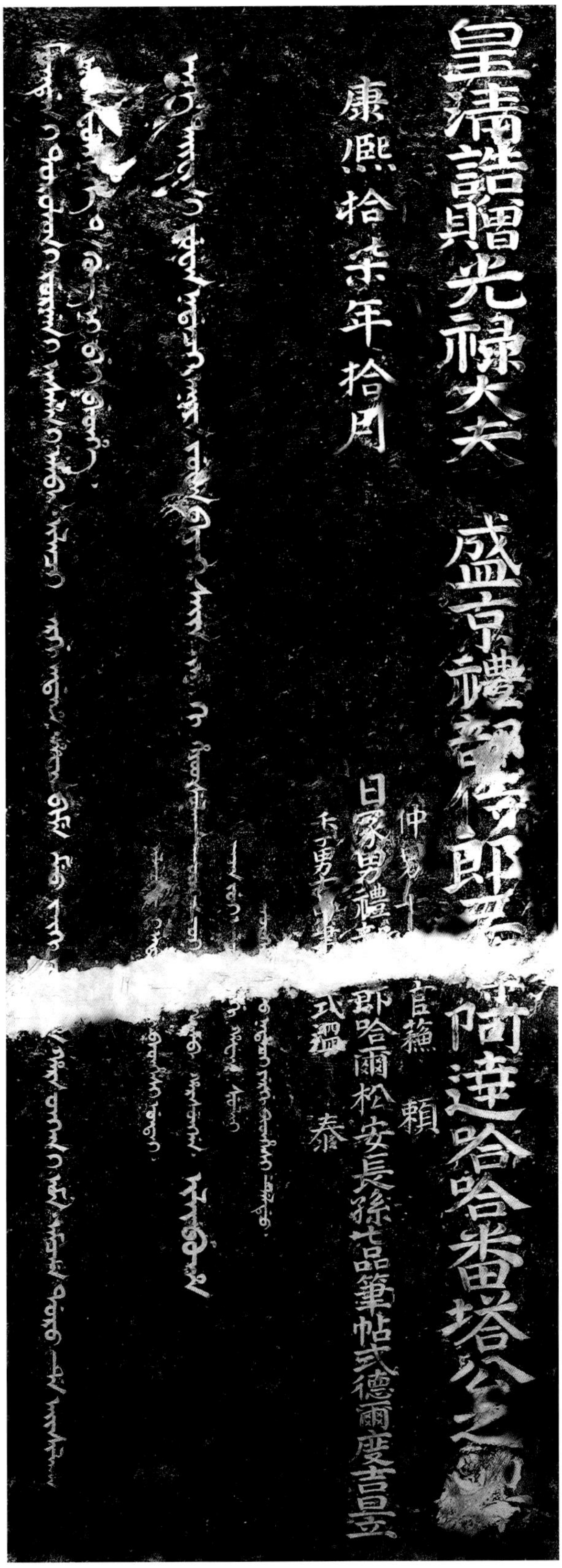

康熙诰赠塔公碑

诰封盛京礼部侍郎塔尔禅碑(前碑阴)

清代(1644-1911)。

碑通高377厘米、宽93厘米、厚29.60厘米。螭首、龟趺。额满文篆书“诰封”。首行“奉”碑文6行，满行54字。满汉文。碑身四框雕云纹。

现位于丰台区卢沟桥乡万泉寺公园。

奉∟天承运∟皇帝制曰父有令德子职务在显扬臣著贤劳国典必先推锡用申新命以

表前休尔塔尔禅乃 盛京礼部侍郎三等阿达哈哈番加一∟级哈尔松安之父持身有道迪

之成名嘉于懋绩之臣实尔传家之嗣爰褒义训用贲恩荣兹以覃恩赠尔为光禄大夫 盛京

礼部侍∟郎三等阿达哈哈番加一级锡之诰命于戏率行式穀泽流青史之光教孝作忠荣耀

紫纶之色永培厥后益庇昌降哈尔松安生母纳∟喇氏继母马佳氏俱赠为一品夫人于戏颁

爵用以荣褒忠因之教孝锡隆恩于不匮表 嘉誉以来兹钦服锡纶用光泉壤

注：

阿达哈哈番：清爵位名。在清初世爵八等中，此为第六等。乾隆元年（1736）奏准：这一满语爵位改为汉文的“轻车都尉”。

锡之诰命：给予诰命，诰命，上告下曰诰，皇帝的圣旨。

式穀：赐以福禄。式，用；穀，善，福禄。

泉壤：黄泉、九泉，土壤，犹如说九泉之下。

诰封盛京礼部侍郎塔尔禅碑（额）

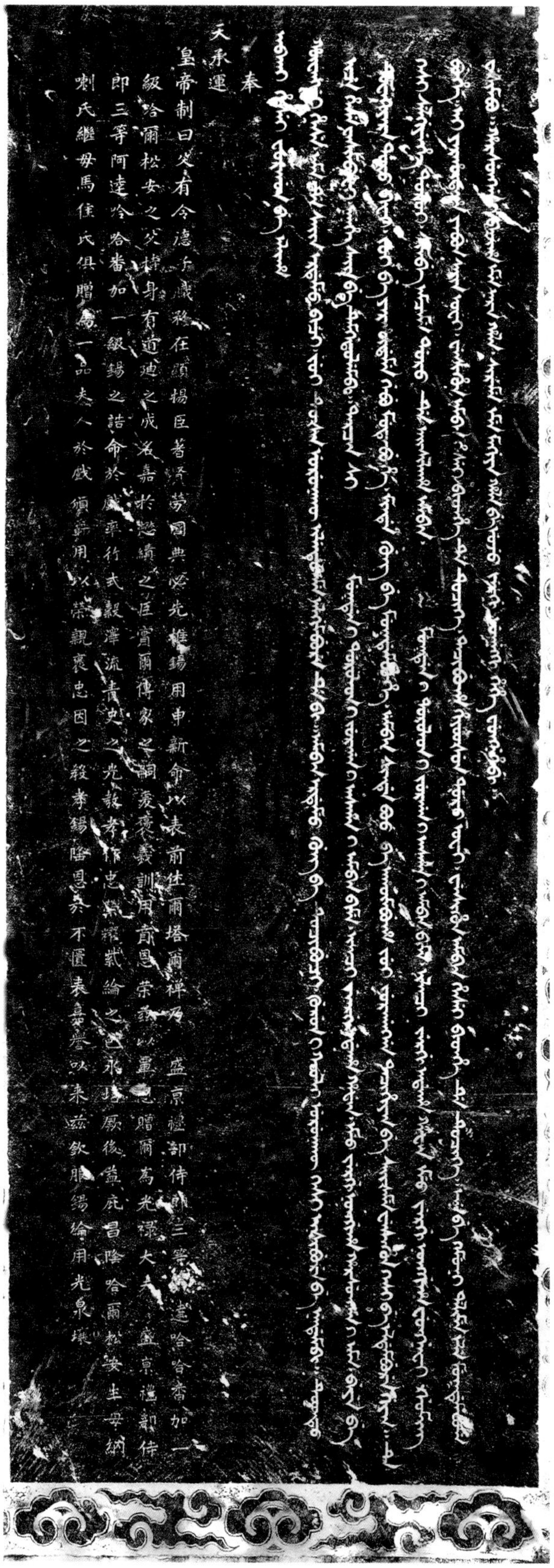

诰封盛京礼部侍郎塔尔禅碑（前碑之阴）

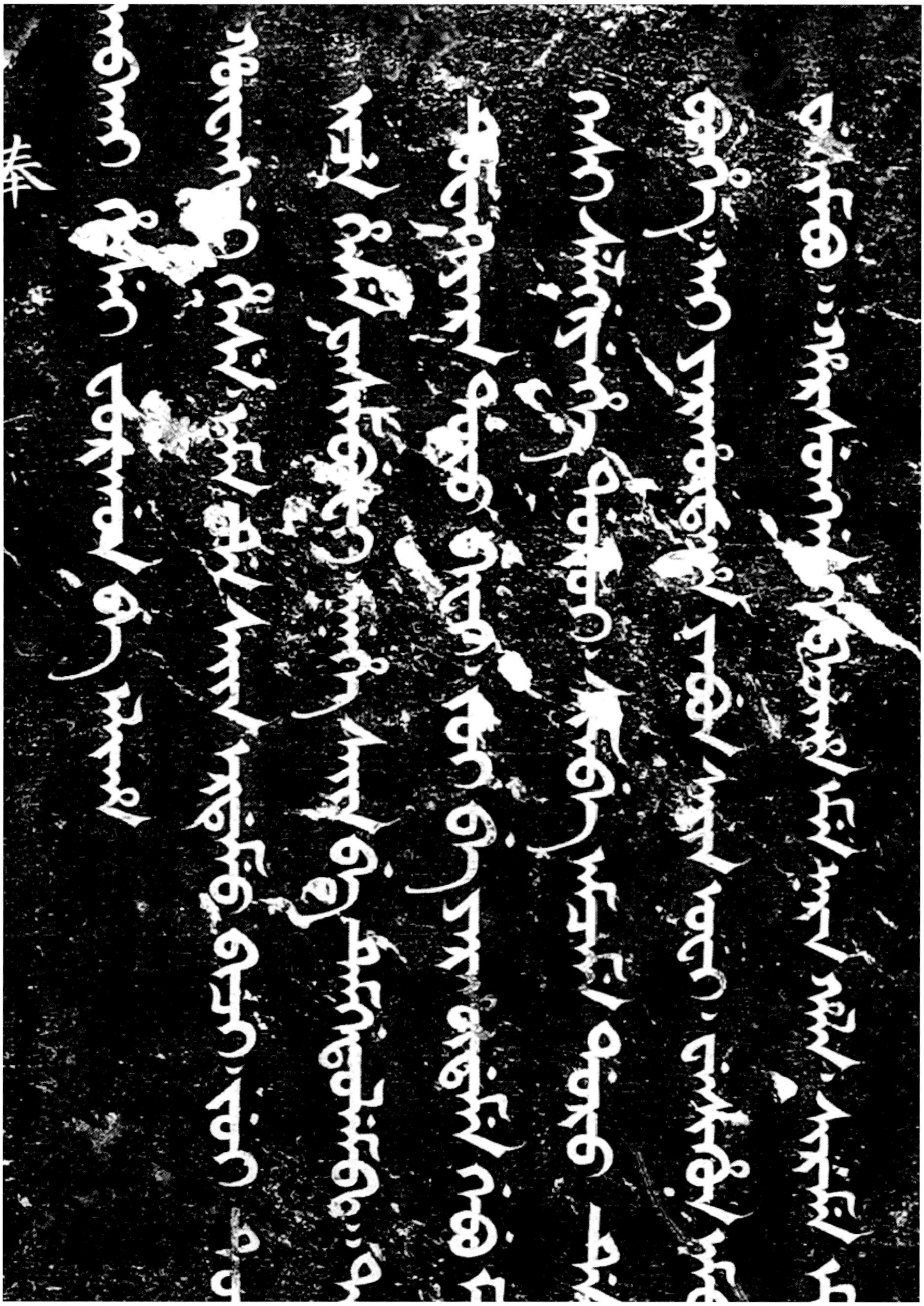

（局部）

永胜桥记碑

康熙二十五年（1686）

碑通高197厘米、宽70.50厘米、厚13.50厘米。方首、方座。额正书“永胜桥记”。碑文7行，满行10字。正书。碑文漫漶。

现位于丰台区卢沟桥乡万泉寺公园。

自⧄∟大清康□□□□□□起造□□□□□□□□□□□□□□区故有求必应神之致∟大

清康熙四年八□□□□□□□□□□□□□□□□□□外猪行公立如意圣会∟修庙□□□

□□□□□□□□□□□□□□□□□答神恩迄今五十余年∟奉□□□□□□□□□□□

□□□□□□□□□□□以故殿宇辉煌庙貌灿∟拾方善人僧去之后来行□□□□□□□□

□□□□□□不少懈也众等叨恩即∟仿有德居住无德即走齿⧄

⧄穀旦（后列人名漫漶省略）

注：

庙貌：旧指宗庙中所供的祖先形象，大多为书画形式。

叨恩：叨承恩惠，多指受皇恩、受朝廷之恩。

永胜桥记碑

永胜桥记碑（额）

永胜桥记碑（阴）

永胜桥记碑（前碑阴）

清康熙岁次己丑（四十八年，1709）己巳月

碑通高197厘米、宽70.50厘米、厚13.50厘米。方首、方座。额正书“万古流芳”。首行“建造”。年款：“康熙岁次己丑己巳月　□ 旦”。碑文24行，满行25字。正书。碑文漫漶。

现位于丰台区卢沟桥乡万泉寺公园。

建造　乚语云十方善□□□□□□八部胜因须时乃□□密门□西凉水□乚放泊也旧□

□□□□诸水之所汇沧桑变易遂历久远而地势□乚也晴霁之□□□□□遇泥污淤行

道多阻若春夏之际雨淫水□乚竞成巨观□□□□□之招招徒见北流之活活不惟街道京

辇而□乚路往来□□□□□视此为畏途而附近之村落麟次樵苏负贩□乚兴望□之□

□□□杠之□非所亟乎然重大者其费艰难其时不□乚何能□□□□□有智远上人者

自受管东村□关帝庙庆云□□乚我□□□□□三□十二□以利益众生为第一义乃

以精进□乚言必成□□□□□此善果胜因待人须时之会欤因范铁为巨绳重乚□洗足□

□□□□叫号于市自甲戌至戊子靡间寒暑朝夕者十有乚金戏□□□□人麻不胫而至

麟比菌集于是相其畜泄培其堤□乚□□□□□马□负者无涉之忧矣樵苏负贩者无濡

揭之虞矣乚□□□□□□□棚廊无由是则劳者可以息而渴者可以饮往□乚□□□□

□□□庄之庆知非具精进之□而有菩萨之愿者其孰能乚叹者□□其可已乎盖是□也

出于猛男如古□而后成百世而下乚之有□□□俾勿陨坠则□果盛因□能□□□人云尔

☒乚是☒乚阖首

体　姜　王　李乚王　沈　顾　王乚邢　刘　杨　费乚韩　郑　任　八你呵妈众善乚

马　催　荻　寿　山乚烟　王　吴　彭乚王　李　罗　车上路绿

龙飞　康熙岁次乙丑乙巳月榖　旦

注：

胜因：（术语）佛教指殊胜之善因。

樵苏负贩：打柴与行走贩卖

范铁为巨绳：铸铁制作巨大的绳索

甲戌至戊子（康熙）：即谓康熙三十三年（1694）至四十七年（1708）。

濡揭之虞：涉水过河的忧虑。濡揭，即历揭。穿者衣服过河叫历，提着衣服过河叫揭。虞，预料。

和硕简亲王谥修雅布碑

康熙四十二年（1703）三月九日立。

碑通高4.40米、宽1.20米、厚0.40米。螭首、龟趺。额“敕建”。篆书。首题“和硕简亲王谥修雅布碑文”。年款“康熙四十二年三月九日”。碑文8行，满行46字。满汉文。

现位于丰台区长辛店镇连山岗石刻园。

和硕简亲王谥修雅布碑文
朕惟大雅之诗曰文王孙子本支百世则凡于宗支其始有勳劳于国家亦望其子孙克继克承
率乃祖考之攸行以保乚世久远厥惟休哉惟王属在懿亲著有令誉自乃祖功在社稷书于盟
府乃考惟克食旧德以及于王禀谦冲之茂质乚凛夙夜之小心殚力公家不营邸第之事束身
礼度别无嗜好之私加以教诫拊新风行所部兴起人才于有用之□□乚练武备于无事之时
惟旌旗壁垒之常新觉星文羽林之增焕方谓作我屏辅永赖亲贤岂期疾疢忽侵溘先朝露□
□乚挽丧车而深痛望故邸以尽哀朕震悼辍朝饬终备礼诸孤抚视更怆于怀呜呼受封将
二十年持身无毫发过输忠于乚我王室追孝于前文人宗支若斯可以百世幽扃即闭懿宜易
昭用宣宠章勒诸贞石俾永有宪于后祀
康熙四十二年三月十九日立

注：

和硕简亲王：青代宗室十四等爵中的第一等为和硕亲王。简，亲王的封号。

谥修：即对和硕亲王死后赠与“修”的名号。谥，古代指出自朝廷皇室的对大臣贵族名义上的一种赠与制度。即赠与贵族或官员身后评价性的衔称。

懿亲：即至亲。

疾疢：得了热病。也指久病，或泛指疾病。“疾”，得了某病；疢，热病。

溘先朝露：哀悼已死之人用语，颇具惋惜之意。溘，突然；朝露，早上的露水，形容人死之速。

贞石：即贞珉。原指坚固的石头，后来用作石刻碑铭的总称。

和硕简亲王谥修雅布碑（额）

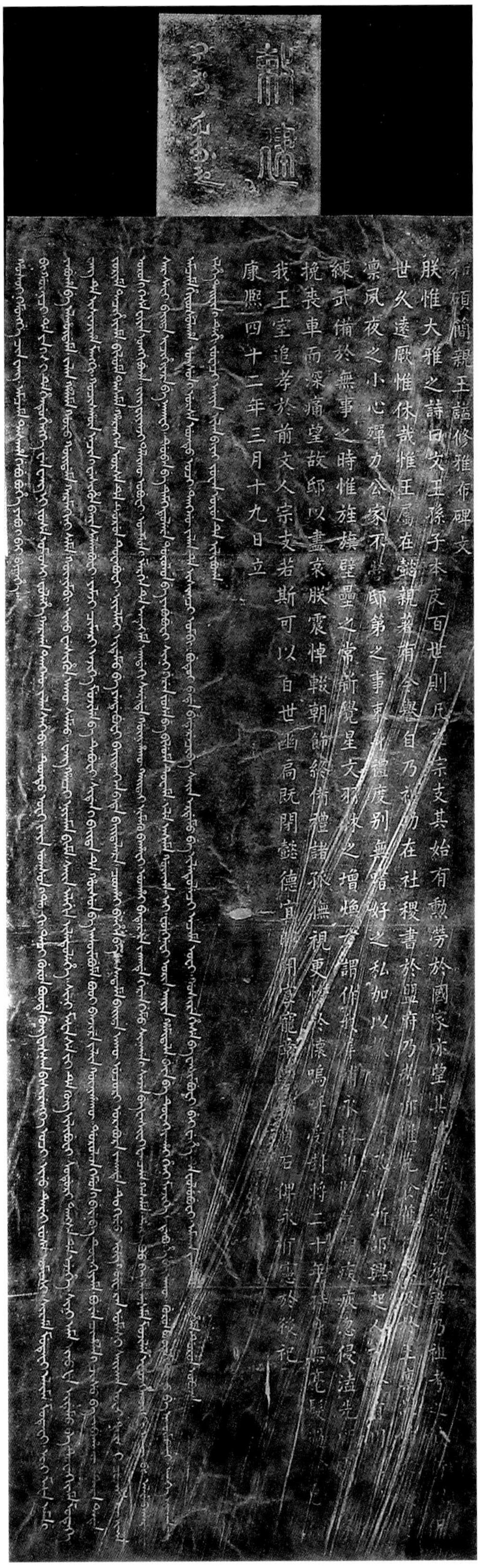

和硕简亲王谥修雅布碑

邸第之事東村禮庋別無媘好

壘之常薪覺星文羽珠之增爐

朕震悼轂朝飾終衛禮諸水撫

斯可以百世幽既閉懿德宜

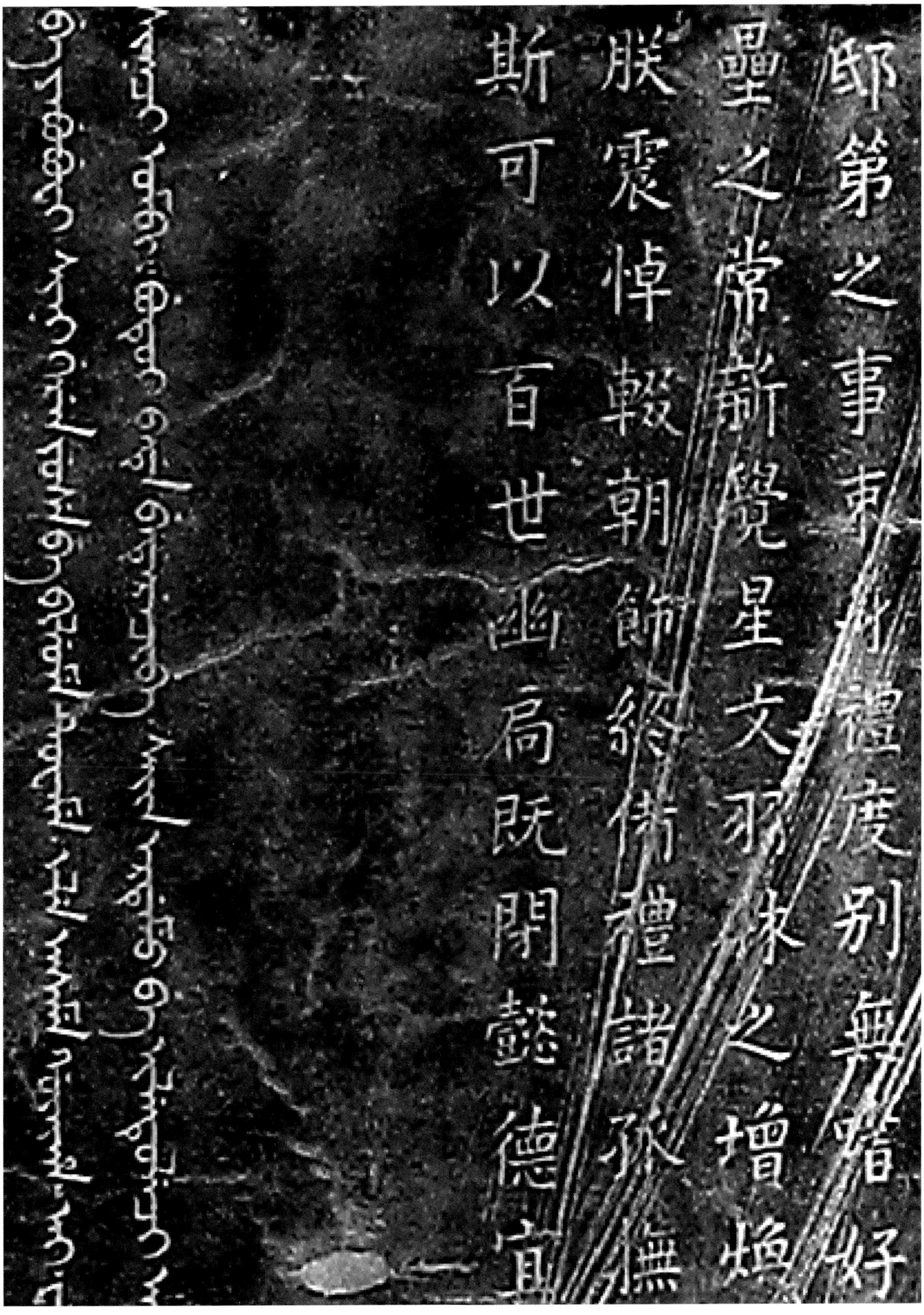

（局部）

康熙皇帝遣礼部郎中马尔赛谕祭诰封一品夫人张佳氏碑

康熙四十九年（1710）四月。

碑通高469厘米、宽109厘米、厚43厘米。螭首、龟趺。额篆书“祭文”。年款：首行“维康熙四十九年……”“康熙四十九年（1710）岁次庚寅四月”。碑文6行，满行48字。满汉文。碑身四框雕二龙戏珠。碑阴无字。

现位于丰台区卢沟桥乡万泉寺公园。

维 ∟康熙四十九年岁次庚寅四月辛巳朔越二十有九日甲子 ∟皇帝遣礼部郎中加五

级马尔赛 ∟谕祭诰封一品夫人张佳氏之灵曰朝廷弘锡类之恩典均存殁臣子著靖□之

节荣被庭阙尔张佳氏乃礼部尚书穆和∟和伦之母教子服官勤劳厥职齿登眉寿宜贲彝章

特颁 ∟□登以□□□尔灵□□□□承之⧄

注：

谕祭：皇帝下旨祭臣下。

庭阙：犹阙庭，即朝廷、皇宫。

眉寿：为颂祝语，长寿之意。

宜贲彝章：应该载入国家的典册中。贲，宏大，盛美；彝章，常典。

康熙皇帝遣礼部郎中马尔赛谕祭诰封一品夫人张佳氏碑（额）

康熙皇帝遣礼部郎中马尔赛谕祭诰封一品夫人张佳氏碑

（局部）

如意圣会碑

乾隆三十七年（1772）

碑通高239厘米、宽68.20厘米、厚19.50厘米。方首、方座。额篆书“万古流芳”。首题“如意圣会碑记”。年款：“乾隆三十七年（1772）岁次壬辰捌月”。碑文10行，满行32字。正书。碑阴无字。

现位于丰台区卢沟桥乡万泉寺公园。

如意圣会碑记

盖闻赫赫神威英灵垂于宇宙穰穰降□庇佑遍于寰▨⌊其呵护者非虚而无德不酬人之大

其□报者必恪惟▨⌊五显财神庙由来旧矣其感应之神昭昭耳目间宣武门内▨⌊冠袍带

履金银供器之设岁以为常□以随时演剧仰▨⌊矣至如配殿戏台□□等少有倾圮亦时捐

资修葺之▨⌊烂凡以神之□福于人者有□□□人之崇报乎神者▨⌊□□□□□□□

□□□□□□□于碣以志不▨

大清乾隆叁拾柒年岁次壬辰□八月▨⌊▨中浣▨

宣武门内外屠猪行（后列人名漫漶）

注：

穰穰：“穰”通“攘”，烦扰，纷乱。

五显财神：五显财神：据说在明英宗复辟时有五神同显灵异，护国佑民，因于天顺二年（1458）特敕封为五显元帅，建庙祭祀，复于万历三十年(1602)晋授王位。他们是都天威猛曹大元帅显聪，横天都部刘大元帅显明，丹天降魔李大元帅显德，飞天风火葛大元帅显真，通天金目张大元帅显正。此五位封号中均带“显”字，故名“五显神”，庙祭为五显财神。

叨恩：谦恭的说法，犹如说蒙受恩惠。

如意圣会碑

乾隆“世间善事”碑

乾隆五十五年（1790）三月立。

碑通高153厘米、宽71厘米、厚20厘米。螭首、方座。额正书“万古流芳”。首行“世间善事寿莫为先……”年款：“乾隆五十五年（1790）三月吉日”。碑文8行，满行21字。正书。

现位于丰台区卢沟桥乡万泉寺公园。

世间善事寿莫为先养生之道衣食为贵欲析善利必乚须用力真修果能如是自然领受福寿

之根矣 乚广宁门外五里万柳巷□五显财神庙者前明创乚建不考其年月也天□者□也

□洋发生万乚物功莫大焉世人受益于斯者故能修殿堂辉煌乚香烟茂盛今□□会众善人

恭立碑相传永远倩乚余作文故记之矣

大清乾隆五十五年三月吉日□□弟子等仝立

注：

广宁门：北京九门之一，为外城东南门，其地在今广安门附近。

万柳巷：其地在今丰台区西南三环万柳桥附近。

五显财神庙：明天顺年间（1457--1464）建，万历（1573--1620）及清乾隆（1736--1795）重修，1987年拆除，在丰台区六里桥附近。原有庙一所，山门、戏台、正殿、后殿、配殿、耳房。庙中香火日为每年正月初二、十六，三月十一、八月二十四、九月十七五日。

香烟：此指敬神之薰香。

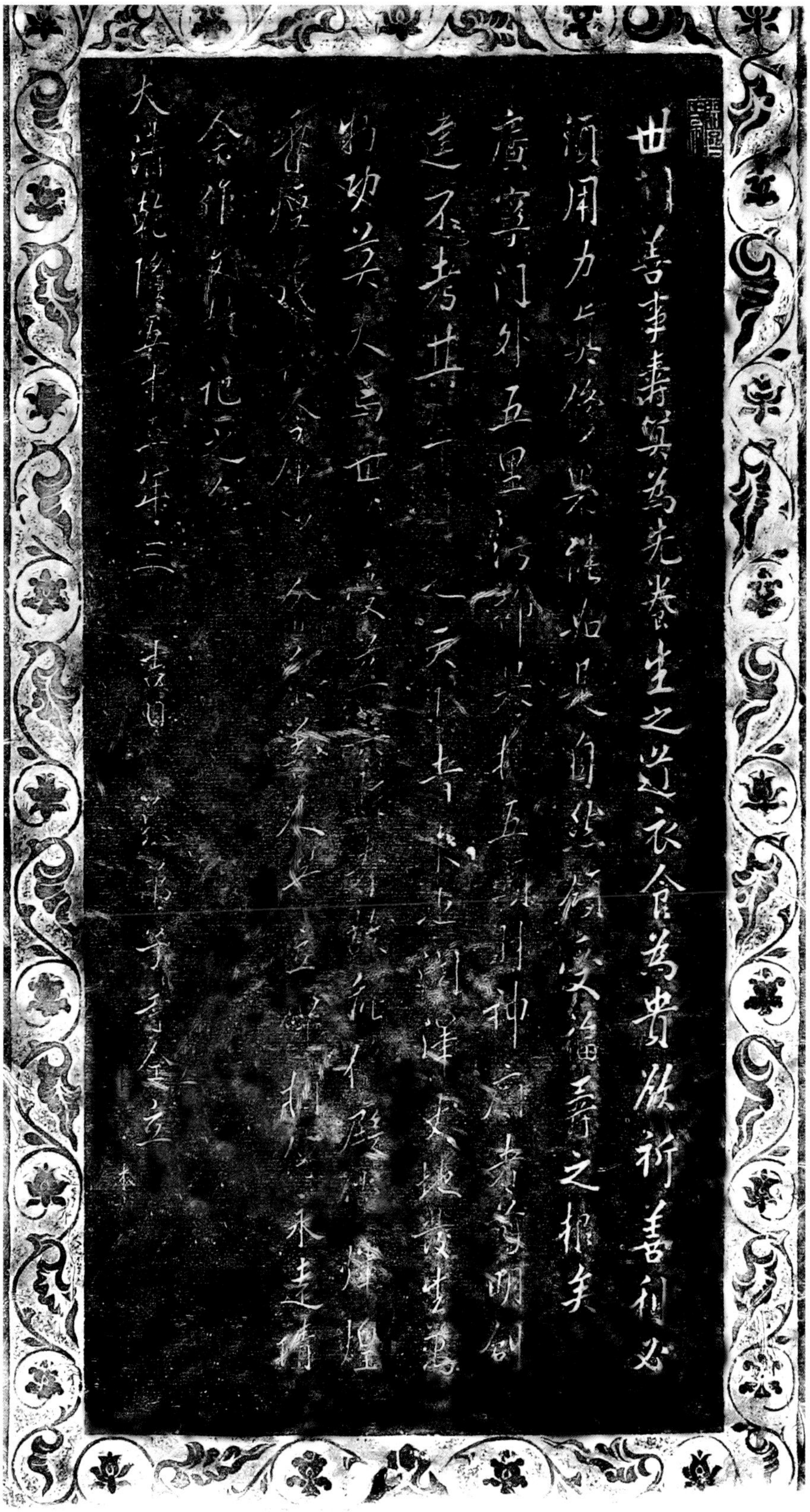

乾隆“世间善事”碑

乾隆“世间善事”碑（额）

传膳圣会题名碑(前碑阴)

碑通高153厘米、宽71厘米、厚20厘米。螭首、方座。额正书“传膳圣会“。首行“正黄旗十管领领□众等”。下记人名若干。碑文23行，满行19字。正书。

现位于丰台区卢沟桥乡万泉寺公园。

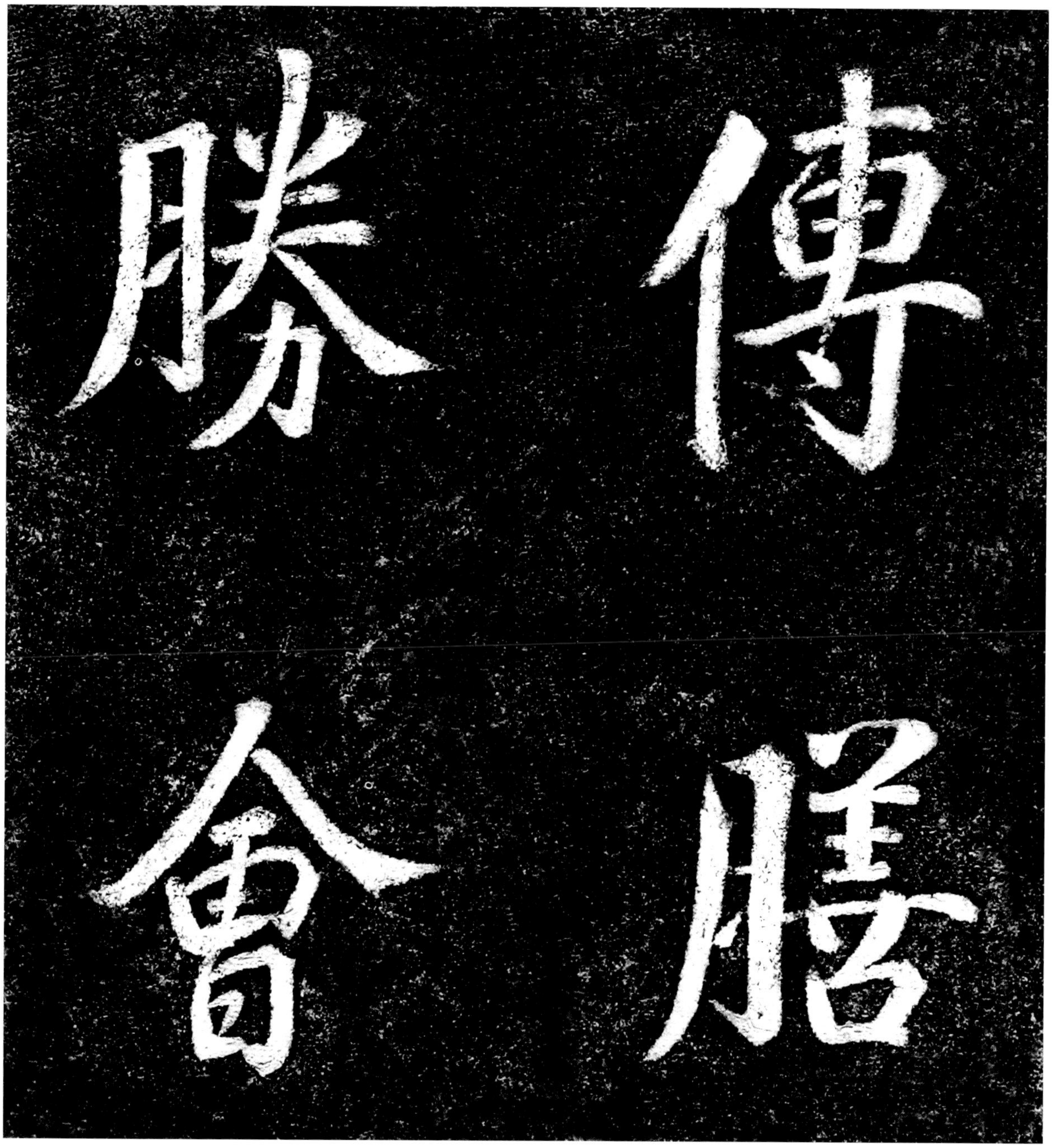

前碑阴额

前碑之阴

无字碑

清代(1644-1911)。

碑通高249厘米、宽65厘米、厚23厘米。方首、方座。碑之阴阳均已磨蚀无字。

现位于丰台区卢沟桥乡万泉寺公园。

无字碑

拱极城建造城隍庙碑记

乾隆十一年（1746）岁次丙寅季春月。

碑通高249厘米、宽78厘米、厚20厘米。方首、方座。额篆书“建造城隍庙碑记”。首题“拱极城建造城隍庙碑记”。年款：“乾隆十一年（1746）岁次丙寅季春月　日吉日”。碑文23行，满行50字。正书。阴额篆“永垂万世”，碑身刻人名若干。

现位于丰台区卢沟桥乡万泉寺公园。

拱极城建造城隍庙碑记

城隍为守土之神凡境内四时之休咎年岁之丰歉与夫人民之祸福神皆得而住之故所司为最
重而人之钦神者亦最谨拱极㇗城旧有　㇗城隍神祠附于泰山行宫之东北隅不知昉于何时
居人士亦习久而安焉余以甲子春量移兹土始至谒神殿止三楹出入不由㇗正门心窃以为非
宜而其来已久不敢遽议更张也阅一月无故而殿灾栋宇倾颓无一椽一瓦之存独神像屹然不
动余拜而讶㇗之曰是殆神之灵不妥于斯而欲迁他所乎因思所以新之既力有不逮且城中湫
隘苦无庙基每朔望瞻神像处场马靡宁会前㇗陞任刘公来书以自置民房一区捐为义学舍余
视其宅前临通衢后接城垣屋虽无多而基地有余前为神庙后建义学诚一举㇗两得也谋请僚
属咸曰亟致书商于刘公报可爰捐资以为倡而城之文武同僚所属员弁及远近绅士好善乐施
者各量力捐㇗助前后共得钱四百余缗委司狱汤兆珵与员弁许亨等董其事鸠工庀材以前临
大道者为正门三楹次仪门次正殿旁列两庑㇗留三丈为异日寝宫地其后另为门构屋五间东
西各二间为义学舍最后有亭高厰南向即其中塑　㇗文昌帝君像令诸生朝夕瞻拜其间阅数
月而工竣于是神庙之向日僻处一隅者今乃得正厥规模远近士民咸得申其瞻仰之㇗敬余之
始至谒神以为非宜者今而后得遂其初心而刘公义学之志亦由是而并举矣余不德不能教化
士民以无忝职守惟倚㇗城隍神之威□□障一方〼㇗文昌帝君之□□□□士习而且□
同成僚属之共襄厥事与众志之好善乐输皆足志也于是叙其事而为之记

奉议大夫□□西路□名捕

务稽察营汛兼保定府同知唐续祖撰

注：

城隍：神名，为主掌城池之神。历代王朝将祀城隍列入祀典，多为求雨、祈晴、禳灾之事。

泰山行宫：指泰山之神（碧霞元君）的行宫。

昉于何时：始于何时。昉，天将明，引申为开始。

遽议更张：计划或制度说变就变，说改就改。

神之灵不妥于斯：神灵在此不适应。

湫隘：又潮湿又狭窄。

朔望：每月初一与十五两日。

员弁：低级官吏，多指武吏。弁，五官服皮弁。弁，皮帽。

得钱四百余缗：指获得助善款四十余万文钱，相当于200多两银子。一千文为一缗，二千文为一两。

鸠工庀材：召集工匠，搜集良材。鸠，集、召集；庀，聚集，准备。

文昌帝君：道教神像名，为中国古代学问、文章、科举、士子等的守护神。该神在道教神系中地位甚高，其上主三十三天仙籍，中主人间寿夭祸福，下主十八地狱轮回。

拱极城建造城隍庙碑记

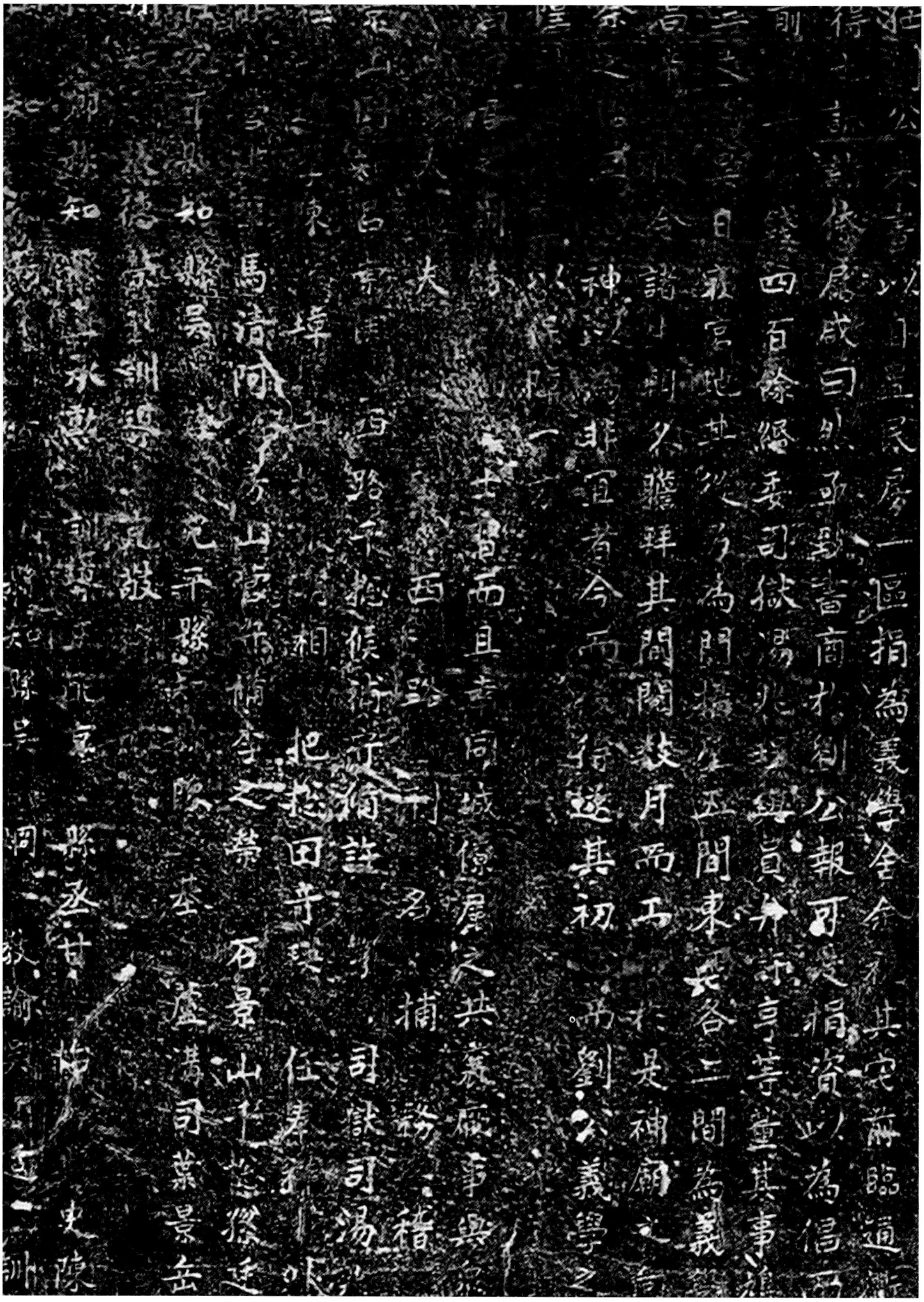

（局部）

前碑之阴

御制赐谥大学士朱珪碑

嘉庆十一年（1795-1820）十二月

碑通高约420厘米,宽110厘,厚80厘米。额“御制”,篆书,首题“御制赐谥文正赠太傅体仁阁大学士朱珪碑文”,年款“嘉庆十一年十二月吉旦”。碑文15行，满行51字,正书。

现位于丰台区长辛店镇连山岗石刻园。

御制赐谥文正赠太傅体仁阁大学士朱珪碑文

朕惟中朝耆宿嘉谟资启人之贤□□钧衡旧学缅赞襄之益念前修之粹懿倚畀方殷惜大雅

之沦徂眷怀未已典崇敕碣绩茂记∟阡尔原任大学士朱珪醇厚练达□□植品义探匡刘之

奥经术淹通旨参濂洛之精性功润遂自普蜚声立著荷殊遇于∟先皇校艺金銮　∟鉴良材

于大受始以青钱之□□□服之荣陈臬而三法求情泽流楚甸阅藩而六条察东颂遍晋阳

锁院归来论思胥赖潜宫侍∟直纳诲攸资闱史鉴之真□□□□正輗以古为镜其直如绳

节凛靖恭班洊跻夫省著职勤敭历任特重以封圻拥翠轴于院□∟任精诚益励丹衷奏调元

□□□□□□持大体树论道经邦之略不负平生□□□三十载清风常□□如爱玉

五十年徵致全无∟至其珊网罗才金钺□□□□□□典礼闱课芸馆以培英士霑雨化棠

槐厥而亲□人仰冰衡东壁南斋久趋陪于翰墨经筵　∟局谨记注于丹铅忆前春□□□

□里曾歌鲐背拟改岁登科选录□□再赴鹿鸣乃者因暮病之侵寻致劬躬之渐惫虑妨步领

∟资筇节以扶挤命升眉舆比□□□□适励葵心而罔斁勉力趋朝□榆景以方赊养疴予□

叠遣诊医之使将循视疾之仪道疏　∟闻悼怀中挚饰欲先加禄非□□□帑金忆榘范于

三天晋衔太傅报馨香于弈叶入祀贤良赐醱躬临睠邸居而密迩酹厄□具∟肃皇子以代将

诔什摘词庶□□□听亲藩祖奠载摅矧绋之悲爰稽典以易名特庄贤□表行谥之文正式

备□呜呼□□□∟习之勤遽瞻□□□□朝参□□□□泉垆责以丝言光旧珉质永贻来裔

勿替休嘉

嘉庆十一年十二月吉旦

注：

御制：皇帝亲制。

赠太傅：死后由皇帝特旨加衔予太傅。清代太傅属三公之一，正一品。

体仁阁大学士：体仁阁，为清宫三阁之一。三阁为体仁阁、文渊阁、东阁，各设大学士满、汉各二人，正一品。大学士为内阁主官，相当于宰相。

濂洛之精性：指理学道学的精华主旨。濂、洛分别指濂溪周敦颐、洛阳程颐程颢。

蜚声：即飞声。声名远扬，为人传颂。

御制赐谥大学士朱珪碑

重修城隍庙碑文

同治三年（1864）一月立。

碑通高264厘米、宽71厘米、厚20厘米。螭首、方座。额正书“永垂不朽”。首题“重修城隍庙碑文”。年款：“同治叁年（1864）岁次甲子孟冬月　吉日建立”。碑文21行，满行37字。正书。碑阴额题“万古流芳”，首行“前路西路府开□二百拾两”。

现位于丰台区卢沟桥乡万泉寺公园。

重修城隍庙碑文

盖闻功无不报群生兴反本之思义耻独为千载重急公之举况肃专城之祀荫庇均叨统乚五邑之
司威灵素著者乎伏思拱极城　乚城隍庙秩隆　乚畿辅位正兑方偕　乚文帝而俎豆馨香并义
塾而英才乐育忆自乾隆十一年丙寅唐司马捐廉独树桑乾之障善贻乚梓里之谋奈岁月相沿序
两更乎甲子风霜屡剥礼难肃乎寅僚虽有修葺倾颓是惧固宜乚未雨而绸缪尤赖如云之会集每
逢公议非数千贯之赀弗易言及此也第城郡褊小庐舍乚无多民乏金输锱铢何補既力薄而工浩
复势迫而情殷西路营把总王万忠志切桑梓乐乚善不倦慷慨首倡义举于是禀请　乚前署府陶
彦寿捐赀领袖而尹洪山等三五善士不惮风雨炎暑之劳广劝遐迩　乚官长绅商兵民人等踊跃
捐助因而集腋成裘遂得鸠工购料之数即于同治三年季春诹乚吉庀材兴工率作山门就地重修
旁添耳房两楹正殿配房凡土木砖瓦欹斜罅漏之处一乚律抽换整齐　乚神像金碧庄严铅丹彩
绘并增祀五属　城隍神牌俾统摄之有归庶　乚神明之胥鉴内外焕然一新历经半载始克蒇事
季秋之望处备供品诚敬　开光演剧用答乚神庥而酬　灵贶庙貌维新观瞻永肃福缘善庆灵感
昭明咸资保卫之长承益卜金汤之永乚固其从前留空余地三丈以为添建寝宫义塾之需一时力
有未逮须俟转岁再议且望后乚之君子用特勒诸贞珉以垂久远云尔　乚时
大清　同　治　叁　年　岁　次　甲　子　孟　冬　月　吉　日　建　立

注：

拱极城：指今之宛平城。

秩隆畿辅：在北京及周边地区规格较高。秩，规格，礼数；隆，隆重；畿辅，旧称王都所在，后指京城及附近地区，有一定行政区划范围。

位正兑方：选址在正西方向。兑，八卦代指西面。

捐廉：犹如说捐资，捐献出自己廉洁所得的薪水之意。

寅僚：同官，同僚，同事。寅，对同官的敬称。

志切桑梓：心中惦记着家乡的事。桑与梓，为古代住宅旁常栽的树木，后来以喻故乡。

诹吉：选择吉日良辰，择日。诹，问、咨询。

蒇事：完事，竣工。

灵贶：神赐。灵，神灵；贶，赐。

重修城隍庙碑（额）

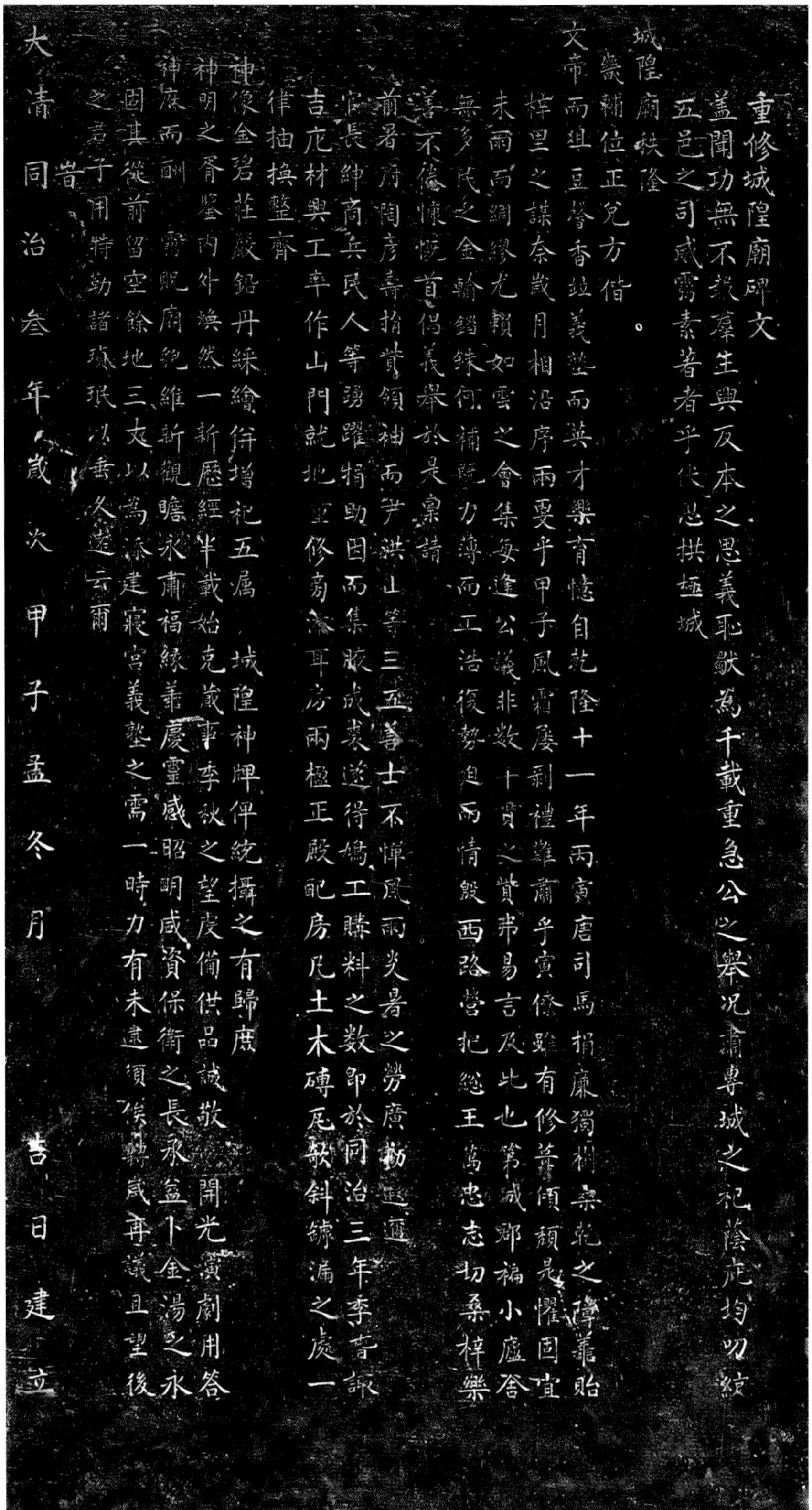
重修城隍廟碑文
蓋聞功無不報羣生興反本之思義恥獻爲千載重急公之舉况肅專城之祀蔭庇均叨綍
五邑之司咸霑素著者乎伏思拱極城
城隍廟秩隆
崇黼位正兌方偕
文帝而俎豆馨香竝義塾而英才樂育憶自乾隆十一年丙寅唐司馬捐廉獨捐桑乾之隣羲貽
梓里之謀奈歲月相沿序而更乎甲子風霜屢剥禮雖肅乎寅僚雖有修葺傾頹是懼固宜
未雨而綢繆尤賴如雲之會集每逢公議非數十貫之費弗易言及比也第城郡褊小廬舍
無多民之金輸錙銖何補既力薄而工浩復勢迫而情殷西路營把總王萬忠志切桑梓樂
善不倦慷慨首倡義舉於是稟請
前署府閻彥壽捐貲領袖而尹洪山等三五善士不憚風雨炎暑之勞廣勸遐邇
官長紳商兵民人等踴躍捐助因而集腋成裘遂得鳩工購料之數即於同治三年季春諏
吉庀材興工率作山門就地重修旁添耳房兩楹正殿配房凡土木磚瓦敧斜罅漏之處一
律抽換整齊
神像金碧莊嚴鉛丹綵繪併增祀五屬 城隍神牌俾統攝之有歸庶
神明之胥鑒內外煥然一新歷經半載始克蕆事季秋之望虔備供品誠敬 開光演劇用答
神庥而酬 霽貺廟貌維新觀瞻永肅福緣兼慶靈感昭明咸資保衛之長永益下金湯之永
固其從前留空餘地三丈以爲添建寢宮義塾之需一時力有未逮須俟諸歲再議且望後
之君子用特勒諸琬琰以垂久遠云爾
旹
大清同治叁年歲次甲子孟冬月 吉日建立

重修城隍庙碑

重修城隍庙碑(前碑阴)

前路西路府开□二百拾两　卢　沟　桥　□　□　四　邻　并涿　□　房　街　各
□　施　于　左∟西路府邹在人拾两　∟登莱青道潘霨贰拾两　（以左人名钱数共六
列略）∟石景山路□府王氏□肆两　∟拱极营游府富勒贺贰两　∟西路府理刑厅梁保
山伍两∟　西路营司厅王万忠伍两　∟卢沟司巡政厅毛桂荣贰两　∟西路营经厅⧄∟
西路营委厅⧄∟署拱极营部厅王□元⧄∟王士林伍⧄∟即选守府艾琨伍钱　∟涿州正
堂郝□□拾两　∟良乡县正堂吕喜□捌两　∟房山县正堂李承恩肆两　∟涿州右堂罗
嘉忠壹两　∟涿州儒学正□□∟□□□∟壹两　∟东安县正堂杨树培壹两　∟北上□
县丞高彤□伍钱　∟以上系捐钱⧄∟经理人（以下人名二列略）

注：

西路府：即西路厅，在卢沟桥旁宛平城内。旧时卢沟桥属河北宛平县治，清置西路厅同知于此。

卢沟司：元延佑四年（1317），卢沟桥置巡检司，清设西路厅同知巡司即此。

拱极城：旧城在宛平县西四十里卢沟桥东，明崇祯间（1628-1644）筑，名曰拱北。设参将控制之。清更名拱极城，设西路厅同知巡司及游击驻此。

正堂：明清时，本指官府听政的大堂，后来作为州、县长官的代称，以别于佐贰官而言。

儒学正：地方学官名，元代在路与下州的儒学中均设学正，由新谕、学录中选充。明清时州儒学要设学正，与训导共掌州学的管理及课业，秩正八品。

县丞：官名，辽金元均设县丞，佐理县政。清初每县设县政一或二人，后立宛平二人，大兴一人，各省或置。县丞佐理县政，与主簿分掌征税、户籍、水利等事。

福缘善庆秧歌圣会碑

清代(1644-1911)。

碑通高202厘米、宽63.50厘米、厚16厘米。方首、方座。额正书“福缘善庆”。首行“京都顺天府宛平县广安门外菜户营村福缘善庆秧歌圣会”。碑文18行，满行24字。正书。碑阴无字，碑首浮雕云纹。

现位于丰台区卢沟桥乡万泉寺公园。

都顺天府宛平县广安门外菜户营村福缘善庆秧歌圣会 ∟年例四月二十八日在 药王圣驾前

呈贡香烛云马钱粮等仪∟助善 ∟刘文泰 ∟李正兴 ∟刘 治 ∟李明年 ∟汪当明 ∟

刘万春 ∟刁成龙 ∟魏金生 ∟柏年□ ∟王永瑞 ∟□□□ ∟郑庭魁 柏恩 ∟香

首 ∟刘景瑞 ∟□□□ ∟张保起 ∟崔永福 ∟田 福 ∟陆有田 ∟周魁昌 ∟马成

福 ∟刁永福 ∟ 恩禄 ∟周 瑞 ∟周 贵 ∟吕 庆 ∟ 永成 ∟张万和 ∟马

祥 ∟□大□ ∟侯金贵 ∟李晏春 ∟刘成兴 ∟韩永平 ∟王天寿 ∟王天福 ∟王

禄 ∟刘文和 ∟李秉礼 ∟刘天寿 ∟李长春 ∟袁长福 ∟马得粮 侯元寿 ∟陶

庆泰 ∟秦福元 ∟霍成福 崔瑞麟 ∟王立元 ∟ 首事 ∟张玉成 ∟刘星瑞 ∟王永

□ ∟长雪汉

⧄十五日⧄重⧄

注：

顺天府：明初置北平府，为北平布政使司治。永乐元年（1403）建为北京，改北平府为顺天府。清因之。

年例：每年惯例，年以为例。

年以为例：每年定为惯例。

药王圣驾：民间供奉的医药之神，一般认为是孙思邈也有供扁鹊、华佗者。

助善：未入会而愿捐资者。

香首：入香会而同时起事者。

福缘善庆秧歌圣会碑

玄帝殿宇重修碑

三十五年。

碑通高206厘米、宽63厘米、厚21厘米。方首、方座。额正书“万善同归”。首行“三十五年春”碑文20行，满行23字。正书。康沐□温撰文，沐浴书丹。碑文漫漶。碑阴风化严重，文字已磨蚀不辨。

现位于丰台区卢沟桥乡万泉寺公园。

三十五年春□□玄帝殿宇重修⍁∟隆德□□□不□□敢忘□□□□□宝□功⍁∟⍁冠
□□□□□盛矣乎⍁∟⍁金□□□□□□□□□门⍁∟⍁也□□□□□□殿⍁∟⍁圣
⍁∟志□□□□□□□□□明⍁∟⍁庭□命迎⍁∟⍁疏□引以德□□□□□□曰⍁∟
⍁赫赫⍁∟⍁休⍁∟⍁生康□沐□撰文⍁∟⍁太学生⍁□□温□□书丹
⍁岁　次⍁贰　九⍁

注：

玄帝：即玄天上帝。北极玄武星君的化身。二十八宿中之北方七宿，以玄武总之。即北宫玄武。因以为北方之神，称为玄武大帝。宋时因避宋真宗“玄”字之讳，改称“真武大帝”。龟蛇合体之像代表“玄武”，常置于玄帝像旁同祀。

玄帝殿宇重修碑

京都广宁门外柳巷村残碑

清乾隆三十三年（1768）以后。

宽71厘米，残高40厘米，厚6厘米。首行“京都广宁门柳巷村”。

现位于丰台区卢沟桥乡万泉寺公园。

京都广宁门柳巷村有五▨∟用浩繁僧力维艰因商之好善▨∟殿两庑配殿全行完竣并于
道▨∟庶足以答　神贶而壮观瞻众善▨∟勒诸石哉维念削发以来迄今二十▨∟老和尚
有志修建旋经圆寂庙内止有▨∟劳僧苦心劳力一切樽节矢志靡他惟▨∟□光焉迨于乾
隆三十有三年始行募化▨∟□□所乃正殿塌损功用更钜急思盖造不▨∟□□□□年复
会集众善士等筹商酌通计▨∟□□□□□资自行垫办于今五十一年又▨∟□□□□
□□善之施舍云矣天地之大德曰▨∟□□□□□□□国而育民厥功茂焉嗣后▨
∟□□□□□□□□□□其事以告来者时乾隆五▨

注：

广宁门：北京九门之一，为外城东南门，其地在今广安门附近。

柳巷村：其地在今丰台区西南三环万柳桥附近。

僧力维艰：仅靠和尚们的能力，还达不到。

答神贶：报答神灵的恩赐。

樽节：节约，节衣缩食。

五显财神庙碑（京都广宁门外柳巷村残碑）

“⧄士元篆”墓志铭(底)

明嘉靖二十年（1541）以后。

宽66厘米，残高38厘米，厚6厘米。首行“⧄因宦京师遂家焉”。

现藏丰台区长辛店镇连山岗石刻园。

⧄士元篆

⧄因宦京师遂家焉代有名德至公益昌∟⧄之虽有深藏之福而分金寸帛亦不忍∟⧄逆加

之者人情所必校而公处之裕如∟⧄视之漠如也及其面所不能容人之厂⧄绰绰然有余裕

也兄曰玉者身厕∟⧄荡之中然终无绮襦态子曰恩者∟⧄匪懈以图报称恐其以宠利居

成∟⧄教习进充译字生员公时训以∟⧄饮尝预羞醴以疑贤士正冠歛∟⧄出游不以他事

免与谈道理辄∟⧄有不能举者必力赀以金帛∟⧄券使知无左验不累其心谓∟⧄卒于嘉

靖二十年正月初五∟⧄即太监公恩次□娶陈氏又次∟⧄于公之行谊独知其详及卒余∟

⧄哉恩感泣曰先公□日于恩深∟⧄可无志子幸为□图之余览大∟⧄资质之美得于天性

然也世∟⧄孙将来食报又非知巧者所∟⧄之者矣猗欤休哉铭曰

⧄是以铭之垂于无垠与山河同⧄

注：

裕如：形容对事处以宽心。

漠如：形容看淡对己不利之事。

绮缛态：形容纨绔子弟的习气。

“☐士元篆”墓志铭（底）

清代满文碑

（局部）

后　　记

在丰台区的文物遗存中，有相当数量的是石刻文物。其中，既有享誉世界的卢沟桥，也有草根无名的墓志铭、记事碑。记录着辽金以来大量的政治军事、经济文化、人文地理、风土民情等内容详实、文图精美的历史资料和信息。然而，随着时间的推移，很多石刻的花纹雕饰和文字图案开始风化剥落，历史的痕迹正在慢慢地消失。

为了在保护石刻文物的同时，更好的留存、研究和利用祖先给我们留下的丰富精神文化遗产。在区委、区政府倡导文化战略的方针下，丰台区文化委员会从去年开始对辖区内的石刻文物进行归纳分类，并着手进行誊录、拓片工作。经过一年多的努力，《丰台区石刻文物图录》（第一辑）终于要付梓了。由于水平的局限，难免存在一些不足和缺憾，有赖专家不吝指正，以便今后的工作中进一步提高。

在《丰台区石刻文物图录》的编纂工作中，文物专家齐心女士、刘卫东先生给予了热情的帮助，谨表谢意。

图书在版编目(CIP)数据

丰台区石刻文物图录/丰台区文化委员会编.-北京:北京燕山出版社，2008.9

ISBN 978-7-5402-2043-3

Ⅰ.丰… Ⅱ.丰… Ⅲ.碑刻-汇编-丰台区 Ⅳ.K877.42

中国版本图书馆CIP数据核字(2008)第142897号

书　　名：丰台区石刻文物图录

开　　本：787×1092　1/16

印　　数：3000册

版　　次：2008年9月北京第1版

印　　次：2008年9月第1次印刷

书　　号：ISBN 978-7-5402-2043-3

定　　价：198.00元